기독교문서선교회 (Christian Literature Center: 약칭 CLC)는 1941년 영국 콜체스터에서 켄 아담스에 의해 시작되었으며 국제 본부는 미국 필라델피아에 있습니다. 국제 CLC는 59개 나라에서 180개의 본부를 두고, 약 650여 명의 선교사들이 이동도서차량 40대를 이용하여 문서 보급에 힘쓰고 있으며 이메일 주문을 통해 130여 국으로 책을 공급하고 있습니다. 한국 CLC는 청교도적 복음주의 신학과 신앙서적을 출판하는 문서선교기관으로서, 한 영혼이라도 구원되길 소망하면서 주님이 오시는 그날까지 최선을 다할 것입니다.

추천사

손현보 목사
부산 세계로교회 담임

한국 교회는 지난 2년간 코로나와 힘든 싸움을 했다.
앞으로 이 코로나와의 싸움이 얼마나 계속될 지 모른다.
이 와중에 한국 교회는 보지도 듣지도 못했고 신학적 근거도 없는 비대면 예배를 무분별하게 따르다가 큰 피해를 당하고 말았다. 안타깝게도 지금에서야 비대면 예배의 폐해를 실감하고 있다. 이 비대면 예배에 속아 수많은 교회가 피해를 입었다.

정부 발표만 보더라도 1만여 교회가 문을 닫고, 150만 명의 교인이 교회를 이탈했다. 그러나 실제 목회 현장에서 들려오는 소식은 더욱 암울하다.

이런 때 주원장로교회 조성훈 목사님이 2022년 6월 기독교문서선교회(CLC)에서 출판될 『교회 개척 일기: 출석 성도 100명 달성 2920일의 기록』이라는 제하의 원고를 이메일로 제게 보내 주셨다.

이 어려운 시기에 출석 성도 100명을 달성한 데 대해 먼저 축하 인사를 보내 드린다.

조성훈 목사님은 저자 서문에서 밝힌 대로 한 번 개척의 실패를 겪고 주님의 강권하심에 의해 다시 개척해 코로나 한파를 뚫고 오늘에 이르셨다.

조성훈 목사님은 특별한 전도 방법을 도입한 것은 아니다.

20일 금식 기도 후 철저히 회개하고 화요일부터 금요일까지 하루 5시간씩 길거리에서 테이블 전도를 하셨다. 그 외 가능한 다양한 전도 방법을 동원해 전도하셨다.

이 책에 나오는 전도 방법은 누구나 실제 적용 가능하고 전도의 열매를 맺을 수 있어 100명 이하 교회나 개척 교회에 당장 내일부터 적용 가능한 방법이다.

또한, 코로나 상황에서 예배를 사수하고 살아남기 위한 조성훈 목사님과 주원장로교회의 사투를 보며 가슴이 저며 오는 아픔을 느낀다.

그러나 조성훈 목사님은 남들이 아직 시도해 보지 않은 전도 방법을 동원했기에 전도 열매를 맺은 것이 아니다. 조성훈 목사님의 철저한 회개와 목숨 건 전도로 주님께서 이런 전도 방법으로도 열매를 맺게 해 주셨다.

이 책은 100명 이하의 작은 교회가 출석 성도 100명을 달성하는 데 유용한 참고서가 될 것이라 의심하지 않는다.

또한, 조성훈 목사님이 서문에서 밝힌 데로 이 책은 개척 교회 목사님, 사모님께 위로와 소망이 될 것이다. 앞으로 개척에 도전할 수많은 교역자에게 쓸모있는 교과서가 될 것이다.

 그리고 코로나 시대에 살아남으려는 100명 이하 작은 교회에도 희망의 불꽃을 당겨 줄 것이다.

 지금도 길거리에서 전도하실 조성훈 목사님과 주원장로교회 성도님들께 힘찬 격려의 박수를 보낸다.

2021년 12월 26일

교회 개척 일기
출석 성도 100명 달성 2920일의 기록

The Story of Church Planting: The 2920 Days Records of Making 100 Attending Church Members
Written by Sung Hun Cho
All rights reserved.
Korean Edition Copyright ⓒ 2022 by Christian Literature Center, Seoul, Korea.

교회 개척 일기: 출석 성도 100명 달성 2920일의 기록

2022년 06월 07일 초판 발행

지은이	|	조성훈
편 집	|	박지영
디자인	|	김소영
펴낸곳	|	(사)기독교문서선교회
등 록	|	제16-25호(1980. 1. 18.)
주 소	|	서울특별시 서초구 방배로 68
전 화	|	02-586-8761~3(본사) 031-942-8761(영업부)
팩 스	|	02-523-0131(본사) 031-942-8763(영업부)
이메일	|	clckor@gmail.com
홈페이지	|	www.clcbook.com
송금계좌	|	기업은행 073-000308-04-020 (사)기독교문서선교회
일련번호	|	2022-63

ISBN 978-89-341-2442-9 (03230)

이 책의 저작권은 저자와 (사)기독교문서선교회가 소유합니다. 신저작권법에 의하여 한국 내에서 보호받는 저작물이므로 무단 전재와 무단 복제를 금합니다.

교회 개척 일기
출석 성도 100명 달성 2920일의 기록

조성훈 지음

CLC

목차

추천사   1

손현보 목사 | 부산 세계로교회 담임

책 소개   12

저자 서문   13

제1장 ─────────
살기 위해 또 개척하다   16

1. 다시 개척을 시작하다   17
2. 죽기 위해 금식 기도를 하다   20
3. 주님께서 말씀을 주시다   23
4. 이상한(?) 일들이 생기다   27
5. 창립 멤버가 중요하다   30
6. 자체 전도지를 만들다   32
7. 테이블 전도의 시작   34
8. 테이블 전도의 실제   36
9. 전도도 돈이 있어야 한다   39
10. 테이블 전도의 필요성   41
11. 한국 교회가 살길 - 전도   43

제2장

코로나 이전의 다양한 전도 방법　　46

1. 방 전도　　47
2. 사무실 전도　　49
3. 목사님, 전도사님 전도　　50
4. 개척 교회의 살길 - 협동 목회　　52
5. 결혼 정보 회사와 협력하는 전도　　54
6. 무료 법률 상담을 통한 전도　　55
7. 다단계, 기획 부동산, 보험인도 전도하다　　56
8. 어르신 전도 - 경로 대학　　58
9. 용돈 전도　　59
10. 가족, 친인척, 친구 전도　　61
11. 노숙인 전도　　63
12. 목회철학도 시대에 맞게 바뀌어야　　66
13. 방법보다 하나님의 은혜로　　67
14. 전도의 명과 암　　69

제3장

코로나 시대에 살아남기 72

1. 코로나 사태에 큰 위기를 맞다 73
2. 살아남기 위해 고군분투하다 76
3. 현장 예배를 고수하다 78
4. 한국 최초 천막 예배의 시작 80
5. 코로나 시대의 또 다른 전도 방법 83
6. 직장 전도 86
7. 코로나와의 전쟁이 시작되었다 88
8. 코로나 사태에 주원교회가 회개하다 90

제4장

성령의 능력 다음으로 큰 능력 - 돈 92

1. 요즘 개척 교회는 돈이 많이 든다 93
2. 돈을 벌기 위해 알바를 하다 95
3. 알바를 통해 유명한 성가대 지휘자를 만나다 97
4. 중국집 배달원이 되다 99
5. 주님께서 돈을 채워 주시다 102
6. 교회 건물도 중요하다 103

제5장

개척 후기   105

1. 나의 모든 것을 드렸다   106

2. 자녀들을 희생시키지 마라   107

3. 하나님께서 우리 수고를 자녀들에게 갚아 주셨다   110

4. 철두철미한 준비만이 개척 성공의 비결이다   112

5. 주님이 주원교회를 세워 주셨다   115

6. 개척 교회 세미나를 시작하다   118

7. 저의 집사람 이야기   119

8. 우리 주 예수 그리스도에 대한 이야기   122

책 소개

교회 개척 일기: 출석 성도 100명 달성 2920일의 기록

　이 책은 개척 8년만에 출석 성도 100명을 달성하는 과정을 기록한 책입니다. 특히, 코로나 시대를 겪어 오면서 살아남기 위한 개척 교회 목사의 처절한 몸부림을 기록했습니다.

　길거리 테이블 전도뿐만 아니라 여태까지 사용하지 않았던 다양한 전도 방법을 동원했고, 그것이 하나님 은혜로 열매 맺었습니다. 모두 하나님 은혜였습니다.

　'능력의 종'이 아닌 여느 목사와 똑같은 평범한 목사로서 교회를 세우기 위한 눈물과 피로 쓴 일기입니다.

　이 글이 개척할 교역자들을 위한 참고서가 되기를 원하면서 개척 교회 목사님, 사모님들께 위로와 소망이 되기를 기대합니다. 또한, 중대형 교회가 개척 교회의 애환을 이해할 수 있는 계기가 되기를 바랍니다.

　더 나아가 한국 교회가 앞으로 코로나 시대에 어떻게 해야 살아남을 수 있느냐를 보여 주는 책이 되기를 바랍니다. 다양한 사진과 자료가 있습니다.

저자 서문

조성훈 목사
주원장로교회 담임

　나는 오늘 비로소 2,920일의 개척 교회 일기를 독자들에게 내놓는다. 나뿐만 아니라 많은 개척 교회 목사님과 사모님이 땀과 눈물로 개척 일기를 쓰고 계시다. 오늘 내가 개척 일기를 내놓는 것은 사실 그분들의 이야기를 대변하는 것이다.

　나는 한 번 개척해서 실패한 경험이 있다. 1996-2008년까지 내 청춘을 바쳐 한 교회를 세우기 위해 희생했으나 실패했다. 그러나 5년 후 나는 살기 위해 다시 개척에 나섰다.

　개척하지 않으면 죽을 수밖에 없다는 사실에 떨며 다시 개척에 나선 것이다. 개척한 지 8년, 코로나라는 복병을 만나면서 위기에 봉착했지만 대예배 출석 성도 100명을 달성함으로 비로소 오늘 2,920일의 개척 일기를 공개하는 것이다.

　출석 성도 100명은 큰 숫자일 수도 있지만 작은 숫자이기도 하다. 한 가지 확실한 것은 나 조성훈 목사는 능력 있는 불의 종도, 뛰어난 설교가도, 인간관계의 달인도 아니다. 그저 부족한 목사일 뿐이다. 간증 집회에 내세울 만한 게 없는 평범한 목사일 뿐이다.

개척에 실패해 세상으로 돌아갔던 자가 자기가 살기 위해 또다시 개척에 나섰던 방랑자일 뿐이다. 그러나 주님께서 하라고 하신 일, 어쩔 수 없이 순종하다 보니 오늘에 이르렀다.

개척 성공을 위해서 몸부림치고 발버둥쳤다. 전도하기 위해 전통적인 길거리 전도뿐만 아니라 기상천외한 방법을 다 동원해 전도했다. 그래서 능력의 종들과 같이 1,000명, 10,000명을 전도하지 못했지만 100명을 간신히 전도하고 거친 숨을 몰아쉬고 있는 가냘픈 목사일 뿐이다. 1,000명, 10,000명을 전도하신 능력의 종 이야기를 듣다 내 이야기를 들으면 실망할 수 있다. 우리 교회에서 앉은뱅이가 일어나지도 않았고, 술꾼이 변화되어 새 사람 되었다는 드라마틱한 간증도 없다.

그러나 어떻게 모였는지 100명이 한 자리에 모여 예배드리고 있다. 그러나 주원교회 공동체는 여느 공동체 못지않은 든든한 공동체가 되었다. 이런 점에서 주원교회의 개척 일기가 평범한 개척 교회 목사님, 사모님에게 훨씬 가슴에 와 닿고, 현실적인 개척 교회 지침서가 될 수도 있다는 위안을 스스로 해 본다. 특히, 2년간 코로나 시대에 살아남기 위해 고군분투한 우리 교회 역사는 코로나 시대에 살아남으려는 개척 교회와 작은 교회에 적지 않은 위로와 소망이 될 줄 믿는다. 또 중대형 교회들이 개척 교회 목사님들의 애환을 이해하는 작은 자료가 되기를 소원한다.

나는 오늘 이 2,920일의 개척 일기를 코로나와 싸우면서 교회를 살리기 위해 피와 눈물로 개척 일기를 쓰시는 이 땅의 개척 교회 목사님, 사모님께 드린다. 그리고 100명의 영혼을 불러 주신 우리 주 예수 그리스도께 모든 영광을 드린다.

2021년 10월 28일

제1장

살기 위해 또 개척하다

1. 다시 개척을 시작하다
2. 죽기 위해 금식 기도를 하다
3. 주님께서 말씀을 주시다
4. 이상한(?) 일들이 생기다
5. 창립 멤버가 중요하다
6. 자체 전도지를 만들다
7. 테이블 전도의 시작
8. 테이블 전도의 실제
9. 전도도 돈이 있어야 한다
10. 테이블 전도의 필요성
11. 한국 교회의 살길 – 전도

1

다시 개척을 시작하다

 2013년 8월 25일 나는 또다시 개척을 시작했다. 나는 개척을 시작하기 전, 이미 지난 12년간 개척 교회를 했다. 그러나 교회 하나 덩그러니 지어 놓고 문을 닫고 말았다. 건물은 있었지만, 교인이 없었다. 개척 기간 평균 출석 성도 40명을 유지했지만 하나둘씩 빠져나가고 우리 가족밖에 없는 상태에서 더 이상 교회를 유지하기 어려웠다. 그 후 교회 문을 닫고 5년간 세상으로 나갔다. 목사직도 사임하고, 교회도 나가지 않았다.

 그러나 이것도 내 마음대로 되는 것은 아니었다. 5년 동안 식당도 해 보고, 직장도 다녀 보았지만, 점점 시간이 갈수록 무의미한 삶으로 나는 압박을 느꼈다. 더 이상 살아있을 의미가 없었다. 나는 드디어 이렇게 무의미하게 살 바에는 죽는 것이 낫겠다는 생각을 했다. 개척할 때는 힘들었지만 재미(?)는 있었다.

 그러나 교회를 떠난 나에게 돈은 생겼지만 사는 재미가 하나도 없었다. 그래서 삶의 무의미에 진저리치던 나는 살기 위해 다시 개척할 수밖에 없었다. 무슨 고상한 목적으로, 주님을 위한 사명을 감당하기 위해 또다시 개척한 것은 아니었다. 순전히 내가 살기 위해 다시 개척한 것이었다. 개척하기 힘든 상황 가운데서도 많은 목사님이 왜 개척하는지 그 이유를 알 수 있었다. 주님의 일을 안 하면 죽기 때문이다.

그렇게 나는 '살기 위해' 또다시 개척하기로 결정했다. 그런데 난관이 있었다. 집사람이 결사적으로 반대한 것이다. 지난 12년간 집사람이 개척하느라 너무 고생했다. 집사람은 그런 고생을 두 번 다시 할 수는 없었던 것이다. 그러나 내가 기도하면서 설득해서 결국 집사람도 따라나섰다.

2013년 8월 25일 주일 11시 나와 집사람, 아들, 딸, 장인, 장모님 이렇게 6명이 모여 개척 예배를 드렸다. 그리고 예전 그대로 열심히 노방 전도를 했다. 전에 개척할 때도 전도만큼은 열심히 했었다. 다시 개척을 시작하면서 대전시 동구 홍도동 착한 낙지 앞에 테이블을 펴놓고 커피와 음료를 대접하면서 열심히 전도지를 돌렸다.

월요일부터 금요일까지 거의 하루도 빠지지 않고 전도했다. 그렇게 8개월이 지났다. 8개월이 지나면 개척이 되는지 안 되는지 판단할 수 있는 시간이다. 적지 않은 사람이 전도를 받고 주원교회를 왔다. 드디어 주일 출석 교인이 가족을 포함해 20명 정도가 되었다.

그래서 한때 이번 개척은 될 수도 있다고 생각하기도 했다. 그러나 꽃피는 4월 첫 번째 주원교회 야유회를 갔다 온 후 상황이 급변했다. 단합을 목적으로 한 야유회였는데 파란의 야유회가 되어 버렸던 것이다. 교인들이 야유회에서 티격태격 싸우더니 그 다음 주에 10여 명도 나오지 않았다. 충격이었다. 실제로 하늘이 노래졌다. 경험상 이번 개척도 안 될 것이 분명했다. 시간만 낭비하다가 전과 같이 문을 닫게 될 것이 분명했다. 벼랑 끝에 몰린 나는 두 가지 중 하나를 선택해야 했다.

2

죽기 위해 금식 기도를 하다

"개척을 포기하고 죽느냐, 20일 금식 기도하다 죽느냐!"

죽는다는 것 외 선택의 여지가 없었다. 문제는 어떻게 죽느냐는 것이었다. 개척을 하지 않는 것은 나에게 죽음을 의미했다. 살아갈 의미와 기쁨이 없이 산다는 것은 죽음보다 견디기 어려웠다. 앞으로 30년 이상을 이렇게 살아야 하는데 그렇게 살 자신이 없었다.

결국, 후자를 선택했다. 금식하다 죽기로 결심했다. 20일간 금식 기도를 하면서 죽여 달라고 주님께 기도하기로 결심했다.

기도 제목이 개척에 성공하게 해 달라는 것이 아니라 금식 기도 중 나를 주님께 데려가 달라는 것이었다. 당시 나는 죽음 이외 다른 어떤 것도 생각할 수 없었다. 그냥 죽고 싶었다. 젊은 청춘을 다 바쳐 개척했지만 실패했고, 다시 시작하는 이번 개척도 실패할 것이 확실한 이상 이제는 살 여력이 없었다.

나는 사실 금식 기도를 오래 해 보지 못했다. 금식 기도 3일이 최장 기록이다. 그것도 간신히 했다. 당시 내 체중은 106킬로그램이었고 키는 173센티미터였다. 초고도 비만이었다. 그만큼 식탐에 빠져 있었다는 것을 의미했다. 이런 상태에서 곡기를 끊는다는 사실은 죽음을 각오한 것이었다.

나는 사상 처음으로 20일 금식 기도를 하기로 작정했다.

그러면 남들이 하는 40일 금식 기도를 하지 않았는가?

어떤 여전도사님이 예언한 것이 있었다. 내가 20일 금식 기도를 하고 나면 쓰임받는다는 것이었다. 그래서 그 여전도사님의 예언이 생각나 20일 금식 기도를 하게 된 것이다.

금식 기도 첫날부터 주님께 죽여 달라고 애원했다. 다른 기도는 안 했다. 그냥 죽여 달라고 기도했다. 최소 나는 금식하다 죽으면 천국 간다는 믿음은 있었다.

자살하는 것도 아니고 금식하다 죽으면 천국은 갈 것 아닌가?

이렇게 하루 이틀 지나갔다. 확실히 언제부터인지 모르지만 4-5일째부터인가 기도 제목이 바뀌었다. 죽여 달라는 기도에서 허기를 이기게 해 달라는 기도로 바뀌었다. 너무 배가 고프다 보니 죽고 싶은 생각도 나지 않았다. 어떻게 해서든 허기를 이기고 금식 기도 기간을 채우고 싶었다.

그래서 그 때부터 내 빈 창자에 음식 대신 주님의 말씀으로 채워 달라고 기도했다. 주님의 말씀이라도 채우면 허기가 덜할 것 같았다.

그래서 창세기부터 성경을 미친 듯이 읽기 시작했다. 영의 양식인 말씀을 읽으면 허기를 조금 면할 수 있을 것 같았다. 그렇게 굶주림과의 사투는 계속되었다.

3

주님께서 말씀을 주시다

정확한 날짜는 모르겠으나 금식 15일째 되던 날부터 주님께서 나에게 말씀을 주시기 시작했다.

> 여호와께서 이와 같이 말씀하시니라 무릇 사람을 믿으며 육신으로 그의 힘을 삼고 마음이 여호와에게서 떠난 그 사람은 저주를 받을 것이라 그는 사막의 떨기나무 같아서 좋은 일이 오는 것을 보지 못하고 광야 간조한 곳, 건건한 땅, 사람이 살지 않는 땅에 살리라 그러나 무릇 여호와를 의지하며 여호와를 의뢰하는 그 사람은 복을 받을 것이라 그는 물 가에 심어진 나무가 그 뿌리를 강변에 뻗치고 더위가 올지라도 두려워하지 아니하며 그 잎이 청청하며 가무는 해에도 걱정이 없고 결실이 그치지 아니함 같으리라(렘 17:5-8).

이 말씀을 주셨다. 레마였다. 이 말씀을 통해 주신 메시지는 다음과 같다.

> 여호와께서 이와 같이 말씀하시니라 무릇 사람을 믿으며 육신으로 그의 힘을 삼고 마음이 여호와에게서 떠난 그 사람은 저주를 받을 것이라 그는 사막의 떨기나무 같아서 좋은 일이 오는 것을 보지 못하고 광야 간조한 곳, 건조한 땅 사람이 살지 않는 땅에 살리라(렘 17:5-6).

사람만 믿고 마음이 하나님에게서 떠난 사람은 저주 받아 오히려 주변에 사람이 없어진다는 말씀이었다. 주님께서 첫 번째 개척 당시 제 신앙 상태를 정확히 꿰뚫고 계셨다. 솔직히 말하면 교인을 의지했고, 하나님을 마음에서 멀리 했다. 그런데 믿었던 교인들이 나를 떠난 것이었다.

하나님께서는 이 말씀을 통해 왜 내가 개척에 실패했는지 정확히 가르쳐 주셨다. 그리고 주님은 제게 새로운 소망을 주셨다.

> 그러나 무릇 여호와를 의지하며 여호와를 의뢰하는 그 사람은 복을 받을 것이라 그는 물 가에 심어진 나무가 그 뿌리를 강변에 뻗치고 더위가 올지라도 두려워하지 아니하며 그 잎이 청청하며 가무는 해에도 걱정이 없고 결실이 그치지 아니함 같으리라(렘 17:7-8).

주님만 전적으로 믿고 의지하면 아무리 어렵고 힘든 상황에서도 주님께서 도와주셔서 이 모든 역경을 이기게 해 주신다는 말씀이다. 실제로 개척하면서 수많은 어려움을 주님만 의지함으로써 기적적으로 이겨 나갈 수 있었다. 이 말씀을 받은 후 며칠 후 주님께서 또다른 말씀을 주셨다.

> 성전에서 내게 하는 말을 내가 듣고 있을 때에 어떤 사람이 내 곁에서 있더라 그가 내게 이르시되 인자야 이는 내 보좌의 처소, 내 발을 두는 처소, 내가 이스라엘 족속 가운데에 영원히 있을 곳이라 이스라엘 족속 곧 그들과 그들의 왕들이 음행하며 그 죽은 왕들의 시체로 다시는 내 거룩한 이름을 더럽히지 아니하리라 그들이 그 문지방을 내 문지방 곁에 두며 그 문설주를 내 문설주 곁에 두어서 그들과 나 사이에 겨우 한 담이 막히게 하였고 또 그 행하는 가증한 일로 내 거룩한 이름을 더럽혔으므로 내가 노하여 멸망시켰거니와 이제는 그들이 그 음란과 그 왕들의 시체를 내게서 멀리 제거하여 버려야 할 것이라 그리하면 내가 그들 가운데에 영원히 살리라(겔 43:6-9).

하나님께서 이스라엘의 영적 음행 즉 우상 숭배를 회개하라고 말씀하신 것이다. 그러나 나는 이 말씀을 받을 때 내 육신의 정욕에 대해 회개하라는 하나님 말씀으로 받았다.

하나님께서는 조성훈 목사에게 "육신의 정욕에 빠지지 마라. 이것 때문에 네가 망했다"라고 말씀하신 것이다.

저는 이 육신의 정욕을 숨길 이유가 없다. 솔직히 고백하고 다시는 육신의 정욕에 빠지지 않도록 최선을 다해 기도하고 노력하고 있다. 그런 다음 하나님께서는 마지막으로 다음과 같은 말씀을 주셨다.

> 너희가 마음과 몸에 할례 받지 아니한 이방인을 데려오고 내 떡과 기름과 피를 드릴 때에 그들로 내 성소 안에 있게 하여 내 성전을 더럽히므로 너희의 모든 가증한 일 외에 그들이 내 언약을 위반하게 하는 것이 되었으며 너희가 내 성물의 직분을 지키지 아니하고 내 성소에 사람을 두어 너희 직분을 대신 지키게 하였느니라(겔 44:7-8).

하나님께서 이방인에게 성전 일을 하게 한 것이 큰 죄니 회개하라는 말씀이었다.

오직 유대인 중 레위인만이 성전 일을 할 수 있다. 그러나 이스라엘 백성은 이방인을 성전 일 하는데 사용했다. 성전 일이 힘들고 고되니 이방인을 성전 알바로 사용한 것이다. 하나님께서 이스라엘 백성에게 이런 점을 지적하고 회개하라고 한 것이다. 이 말씀이 내 마음 판에 비수같이 꽂혔다.

전에 개척할 때 자격 없는 사람에게 직분을 남발했던 나 자신의 모습이 오버랩되었다. 주님께서 제게 이런 점을 회개하고 앞으로 이런 죄를 되풀이하지 말라고 경고한 것이다. 주님의 말씀을 마음 판에 새기고, 최소한 안수집사 이상 중직자는 아무나 임명하지 않도록 주의하고 있다.

4

이상한(?) 일들이 생기다

   3가지 말씀을 받고 무사히 20일 금식 기도를 마쳤다. 몸무게가 18킬로그램이나 빠졌다. 정말 쌀 한 톨도 먹지 않고 물하고 소금만 먹었다. 금식 기도를 통해 죽는 대신 개척 교회가 성공할 수 있다는 소망을 갖게 되었다.

   주님께서 깨닫게 하신 말씀만 지켜 행하면 이번 개척은 되게 하실 것이라는 믿음이 생겼다. 금식 기도를 마치고 개척 성공에 대한 꿈을 가지고 다시 열심히 전도했다.

   금식 후 이상한(?) 일들이 일어나기 시작했다.

   당시 주원교회에 젊은 여집사 한 분이 출석했다. 금식 기도 전부터 주원교회에 나오시던 분이었다. 보통 개척 교회는 어려우신 분들이 많이 나오는데, 이 분은 깔끔하고, 지적이며, 믿음도 있어 보였고, 봉사도 열심히 했다.

   그래서 나는 상당히 기대하면서 하나님께서 보내신 분으로 생각하고 있었다. 금식 기도 마치고 얼마 후 나는 이단에 관한 설교를 했다. 나는 설교 중 신신애 씨의 '세상은 요지경'이라는 노래를 불렀다.

> 세상은 요지경 요지경 속이다
> 잘난 사람은 잘난 대로 살고
> 못난 사람은 못난 대로 산다
> 야이 야이 야들아 내 말 좀 들어라
> 여기도 짜가 저기도 짜가 짜가가 판친다
> 인생 살면 칠팔십 년 화살같이 속히 간다
> 정신차려라 요지경에 빠진다
> 싱글벙글 싱글벙글 도련님 세상
> 영감 상투 비틀어지고
> 할멈신발 도망갔네 허
> 세상은 요지경 요지경 속이다
> 잘난 사람은 잘난 대로 살고
> 못난 사람은 못난 대로 산다

 이 노래를 인용하면서 신천지 이만희를 가짜라고 강력히 비판했는데, 이 여집사의 표정이 안 좋았다.

 그리고 다음 주에 나를 찾아와 설교 중 이해를 돕기 위해 세상 유행가를 부르는 것은 잘못되었다고 질책하는 것이 아닌가?

 나는 미안하다고 하면서 사건을 수습하려고 했으나, 이 여집사의 분노는 풀릴 기미가 보이지 않았다. 얼마 후에 이 여집사가 왜 분노했는지 알 수 있었다.

이 여집사가 우리 교회에 잠입한 신천지였던 것이다. 이 설교 이후 서서히 자기의 본색을 드러냈다. 노골적으로 자신이 신천지라고 하지 않았지만, 자기 남편이 신천지에 빠졌으니 나와 같이 신천지에 가서 신천지를 알아보고 자기 남편을 신천지에서 구해 달라고 조르기 시작했다.

나는 낌새를 눈치채고, 단호히 거부했더니 소위 신천지 강사를 불러와 나와 대면시키고 나를 신천지로 끌고 가려고 발버둥치다 안 되니 그제야 물러났다.

지금도 감사한 것은 당시 우리 교회 교인이 10명도 안 된 상태에서 신천지 11명만 우리 교회에 끌고 와도 우리 교회는 신천지에 넘어갈 수 있었는데, 주님께서 주원교회가 신천지로 넘어가는 것을 막아 주셨던 것이다. 이렇게 해서 금식기도 후 주원교회의 우환 하나를 제거할 수 있었다.

그리고 이상한(?) 일이 계속 생겼다. 전에 알던 교인들을 길거리에서 여러 번 연속해서 몇 달 사이에 만나게 된 것이다. 이 분들은 전에 내가 개척했던 교회에 다녔던 분들이다. 그중에서 8명이 주원교회에 나오게 되었다.

또 전에 교회에 다녔던 교인들 집을 방문했더니 그중에서 2명이 교회 나오시겠다고 말씀하시는 것이 아닌가?

물론 이 분들은 모두 당시에는 어느 교회도 나가지 않고 있었다. 이 10명의 성도가 개척 초기 주원교회에 큰 힘이 되었다. 그중 한 분이 주원교회 1등 성도인 최무연 안수집사시다.

5

창립 멤버가 중요하다

주원교회를 개척하면서 전에 제가 섬겼던 교인을 만난 것은 주님의 은혜다. 10년 만에 만난 교인이었다. 그 당시 교인들은 교회를 다니지 않고 있었다. 믿음도 없었고, 비교적 생활 형편이 넉넉하지 않으셨던 분들이다. 그러나 비교적 건실한 분들이셨다. 그분들이 주원교회 개척에 큰 도움이 되었다.

사실, 개척하다 보면 알코올 중독자, 성 중독자, 정신 이상자, 사기꾼 등 별 희한한(?) 사람이 다 온다. 이들을 변화시켜 새 사람 만들어야 하는데 현실은 그렇지 않다. 이런 분들이 교회에 있으면 사실 정상인(?) 사람들이 교회 오지 않는다. 그러면 현실적으로 교회 개척은 어려워지는 것이다. 이것이 현실이다. 가끔 개척 교회에 다닌다는 알코올 중독자를 만난다. 알코올 중독자가 그 교회에 있는 한 교회 성장을 바라기 어렵다. 안타까운 일이다.

개척 초창기에 주원교회도 알코올 중독자들이 와서 교회를 난장판으로 만들어 놓고 칼부림 사건까지 나기도 했다.

또 이상한 여자들도 와서 교회 분위기를 어지럽혔다.

　이런 사람을 가지고 교회가 되겠는가?

　오순절 다락방에 모인 120명도 다 온전한 사람이었다. 술꾼, 난봉꾼이 없었다.

　가룟 유다도 자살함으로 공동체에서 이탈하지 않았는가?

　술꾼, 난봉꾼을 안 받아들인다고 그분들을 사랑하지 않는 것이 아니다. 그분들은 교회 밖에서 얼마든지 주의 사랑으로 사랑할 수 있다.

　그러나 금식 후 주님의 은혜로 술꾼들이 떠나고 좋으신 분들로 수혈되자 주원교회는 새로운 도약의 기회를 잡게 된 것이다. 다시 한번 말씀드린다. 더디더라도 제대로 된 사람 중심으로 개척해라. 이것이 개척의 A, B, C 다.

　개척 교회 목사님들은 새로운 사람이 오면 천하보다 귀한 영혼이 왔다고 반기나, 사람을 받아들이는 데, 절제가 필요하다. 교회에 문제를 일으킬 사람을 눈 딱 감고 받아들여 주지 않는 것이 정말 중요하다.

　특히, 이성 문제를 일으키는 사람은 배제하는 것이 좋다. 분노를 조절하지 못하는 사람도 그렇다. 우리가 그분들을 배제하는 것이 그분들을 사랑하지 않아서가 아니다. 그분들을 다른 방법으로 사랑하기 위해서다. 교회 밖에서 그들을 사랑하는 방법이 있다. 그래야 한 교회가 세워진다.

6

자체 전도지를 만들다

20일 금식 기도 후 더욱 테이블 전도에 힘썼다. 먼저 전도지를 자체 제작했다. 서점에서 파는 천편일률[千篇一律]적인 전도지가 아니라 복음을 설명하고, 주원교회가 지향하는 점을 설명하고, 담임목사의 약력을 기술한 전도지였다.

이렇게 주원교회가 어떤 교회인지 사람들이 쉽게 알 수 있도록 했다. 그리고 전도지에는 주원교회가 봉사하는 일들을 구체적으로 담아 놓았다.

그래서 오가는 사람들 중 특이한(?) 주원교회 전도지를 유심히 보는 분들이 꽤 있었다. 그리고 이 전도지를 들고 파라솔을 펴고 길거리로 나섰다.

제1장 살기 위해 또 개척하다 33

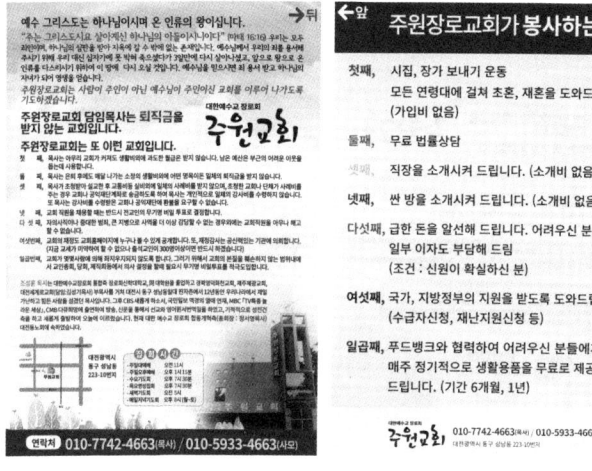

[사진 1-1] 주원교회 전도지

테이블 전도의 시작

 테이블 전도는 먼저 좋은 길거리 목을 잡아야 한다. 사람의 왕래가 잦은 곳이어야 한다. 주차할 곳도 용이해야 한다. 그런 점에서 주원교회가 테이블 전도를 위해 택한 곳은 명당이었다. 중형 마트와 은행이 가까이 있었고, 시장 입구에 있어 사람의 내왕이 빈번했다. 그리고 횡단보도 앞이라는 전략적 위치도 주효했다. 버스 정류장도 바로 코 앞이었다. 그리고 착한 낙지 사장님이 주원교회 차는 예외적으로 손님이 없을 때 한해서 무료 주차를 허용하셨다.

 테이블 전도에는 3명의 일꾼이 필요하다. 한 명은 전도지를 나누어 주고, 한 명은 커피 등 음료수를 대접하고 한 명은 상담하는 일이다,

 그러나 개척 교회에 무슨 인원이 있겠는가?

 보통 목사나 사모가 같이 하거나, 혼자 전도해야 할 때가 있다. 우리는 화요일부터 금요일까지 꼬박 5시간을 전도했다. 물론 이렇게 끈질기게 전도하는 것은 쉬운 일이 아니다. 그러나 우리는 그렇게 전도했다. 정말 비가 올 때만 빼고

바깥 온도가 38도를 넘나들 때도 전도를 쉬지 않았다. 그러나 전도의 열매는 쉽게 나오지 않았다.

그러다가 20일 금식 기도를 끝내고 1년이 다 될 때 비로소 훌륭한 목사님 부부를 만났다. 은퇴목사님 부부신데 바로 김병태, 임영순 사모님이시다. 3년을 헌신적으로 섬기시다가 이사하는 바람에 주원교회를 떠나시게 되었다. 떠날 때 그냥 가신 것이 아니라 다른 목사님 부부와 권사님을 인도해 주셨다. 끈질기게 1년을 전도하자 1년 만에 영혼을 만나게 된 것이다.

이렇게 피땀 흘려 전도한 사람이 교회의 귀한 일꾼이 된다. 주님께서 보내셨기 때문이다. 모든 전도의 기본 원칙은 영혼을 거저 얻으려 하지 말고 남의 교인 빼앗지 말고 땀 흘려 전도하라는 것이다. 그래야 하나님께서 영혼을 주신다는 것이다. 나는 평소에 교인들에게 이렇게 말한다.

"이렇게 전도해 전도 열매가 없어도 낙심하지 말라 이렇게 전도에 수고하면 하나님께서 다른 방법으로 사람을 보내 주신다."

8

테이블 전도의 실제

테이블 전도에 필요한 물품은 다음과 같다.

1. 파라솔 2. 접이식 테이블 3. 의자 5개 4. 휴대용 가스레인지 5. 국산차 6. 믹스커피 7. 블랙커피 8. 종이컵 등

[사진 1-2] 사진으로 본 주원교회 전도용품

테이블 전도는 신경 써야 할 부분이 많다. 행인들에게 대접할 차 종류도 신중히 선택해야 한다. 아니면 직접 집에서 만들어도 좋다. 어떻게든 대접하는 차가 싸구려거나 맛이 없으면 행인들이 다시는 파라솔을 찾아오지 않는다. 대접하는 차는 직접 맛을 보고 비싸도 좋은 것으로 사야 한다. 차 맛이 좋으면 다음에 또 우리를 찾는다. 그러면 자연스럽게 친해지고 전도가 되는 것이다.

그리고 전도하는 사람이 누구냐가 제일 중요하다. 당연히 개척 교회에 일꾼이 없기 때문에 목사나 사모가 전도하게 된다. 또 그래야 한다. 그러다 교인이 늘어나게 되면 너도나도 전도해 보려고 한다. 심심하니까 하는 사람도 있다.

교회 목사나 사모가 한다니까 전도해 보겠다는 교인도 있다. 그러나 아무나 전도한다고 전도가 되는 것이 아니다. 교회 이미지만 나빠질 수 있다.

전도는 아무나 하는 것이 아니다. 인상이 좋지 않거나 혐오스러운 헤어 스타일이나 불량한 복장으로 전도하거나 심성이 삐딱한 사람이 전도하면 전도하는 것이 아니라 우리 교회 오지 말라고 선전하는 것과 다름이 없다.

그러므로 그런 분이 전도한다고 하면 시험 들지 않게 정중히 거절하거나 다른 방법으로 전도하도록 지도하는 것이 좋다. 예를 들면, 집집마다 전도지를 돌리는 일을 해 보도록 권하는 것이 좋다.

그래서 교인에게 광고할 때 전도 일꾼이 부족하니 지원해 달라는 광고는 안 하는 것이 좋다. 누구든지 지원하면 전도 대원으로 써야 하고 잘못 쓰면 그 교회 이미지만 손상될 것이다. 그래서 처음에는 목사와 사모가 전도하고, 교인들을 유심히 보았다가 합당한 사람에게 전도하도록 권하는 것이 좋다.

그래도 전도하겠다는 교인이 있으면 심사숙고해서 어떤 교인은 테이블 전도로, 또 어떤 교인은 테이블 전도가 아닌 집집마다 전도지를 전달하는 축호 전도를 시키면 좋다. 또는 구제 봉사하는 일거리를 만들어서 봉사하게 하는 것도 좋을 것이다. 그것도 전도니까 다만 전도하는 방식이 다를 뿐이다.

그러나 테이블 전도는 그 교회를 대표할 수 있는 사람들을 내세워야 한다. 여러 사람을 만나기에 전도자의 인상이 중요하기 때문이다. 좋은 인상을 줄 수 있는 사람이 전도해야 교회에 대해 사람들이 좋은 인상을 가질 수 있다.

9

전도도 돈이 있어야 한다

　요즈음 전도지만 받는 사람은 거의 없다. 선물을 주어야 전도지를 받는다. 그리고 사람의 눈도 많이 높아져 싸구려나 생활에 불필요한 선물은 쳐다보지도 않는다. 그래서 선물을 준비하는 것도 만만하지 않다. 그래서 요즈음 전도도 돈이 있어야 한다는 말이 나오는 것이다. 감사하게도 독지가들이 선물을 기증하시고 헌금해 비용을 일부 줄일 수 있었다. 주님께서도 전도 물품을 공급해 주셨다.

　하나님께서 정말 놀라운 방법으로 필요한 것들을 채워 주셨다. 피 땀 흘려 전도하니 하나님께서 아시고 채워 주신 것이라고 믿는다. 한번은 길거리 전도를 통해 알고 지내던 다른 교회 다니는 집사님이 딸과 함께 주원교회 예배에 참석하셔서 헌금하고 가셨는데 70만 원을 헌금하셨다. 전도 용품을 사서 전도하라는 뜻으로 받아들였다.

　그리고 또 한번은 보험 회사 사은품을 취급하시던 모교회 장로님께서 남은 사은품을 주원교회에 다 기증하시겠다는 것이 아닌가?

사업을 접는데 주원교회가 생각나 다 기증했다는 것이다. 기증품의 양이 1톤 트럭 한 가득이나 되었다. 이 사은품으로 거의 6개월 가까이 전도할 수 있었다. 그 후에도 이 장로님은 사업하다 남는 물품을 우리에게 주고 가셨다. 모 교회 권사님은 내가 길거리 전도할 때 기도받고 문제가 해결되었다고 만날 때마다 5만 원씩 수차례 헌금하셨다.

그 외 어떤 집사님은 립클로스(입술이 트거나 상처가 난 데 바르는 약) 수천 개를 기증해 주시기도 하셨다. 한 개 가격이 3천 원이나 되는 고가품인데, 다들 코로나 때문에 마스크를 쓰고 다녀 입술이 트지 않아 수요가 없으니까 남은 것을 기증한 것 같다. 이렇게 우리가 열심히 전도하니까, 주님께서 사은품을 공급해 주셨다.

선물을 일일이 돈을 주고 사면 돈을 감당하기 어렵다. 그래서 선물을 기부받는 길을 찾아야 하는 데 여러 가지 방법이 있다. 이 책에서는 모두 구체적으로 말씀을 드릴 수 없음을 양해하시기 바란다.

왜 테이블 전도를 해야 하는가, 테이블 전도의 필요성에 대해 잠시 설명해 보겠다.

테이블 전도의 필요성

저의 제1기 개척 시기(1996-2008년) 때는 축호 전도도 괜찮았다. 당시만 해도 주부들 중 상당수가 집에 있었기 때문이다. 그러나 현재 개척 환경은 달라졌다. 주민들이 집 안에 있는 경우가 드물다. 그래서 일일이 가가호호방문하며 전도하는 축호 전도는 어려워졌다.

코로나로 인해 가정 방문은 더욱 어려워졌다. 그래서 대안으로 나온 것이 어느 특정 장소에 장기적으로 전도하는 테이블 전도다. 테이블 전도의 장점은 장소를 옮겨 다니지 않고 한곳에 계속 머물면서 전도하는 것이다. 그러면 행인들을 알게 되고 자연스럽게 전도가 된다. 한마디로 관계 전도가 되는 것이다.

테이블 전도의 핵심은 인간관계다. 한 자리에 머물러 오래 전도하다 보면 지나가는 사람과 친숙해진다. 그래서 몇 년 지나다 보면 행인과 안부를 묻는 관계까지 발전한다.

과연 이렇게 해서 전도가 되겠느냐고 의문을 갖는 분도 많다. 몇 개월, 길게는 2-3년을 노방 전도하다가 포기하는 교회를 더러 보았다(사실 2-3년을 끈기 있게 전도하기도 힘들다). 전도의 열매가 없기 때문이다. 그러나 전도의 열매가 없는 이유가 있다. 길거리 전도를 한다고 하지만 전도 시간이 너무 적다. 1주일에 기껏 2-3시간 전도하고 들어가는 경우가 대부분이다.

그러니 어떻게 전도의 열매를 기대할 수 있을 것인가?

그러나 주원교회는 화요일부터 금요일까지 하루 5시간씩 하루도 빠지지 않고 지금까지 계속 전도했다. 일주일에 20시간을 전도한 것이다. 이렇게 전도하자 1년 후부터 전도 열매가 서서히 맺히기 시작했다.

나는 지금도 개척하시는 사역자들에게 화요일부터 금요일까지 하루 5시간씩 전도하지 않고는 개척할 생각을 하지 말라고 말한다. 물론 교회가 성장하고, 교인 수가 늘어나면 전도할 시간이 줄어들게 되어 전도 시간을 조정할 필요가 있다. 그러나 전도는 멈추지 말고 특정한 날과 장소에서 계속해야 한다. 그래야 열매가 있다.

주원교회는 지금도 특정한 날과 장소에서 계속 전도하고 있고, 앞으로도 그럴 것이다. 테이블 전도는 오늘날 주원교회를 있게 한 가장 큰 원동력이다. 하나님께서 열심히 땀흘려 테이블 전도하는 우리를 보시고, 다른 방법을 통해서도 많은 영혼을 주셨다.

11

한국 교회가 살길 – 전도

전도야말로 교회의 가장 중요한 일인데 기도나 성경 공부에 비해 소홀히 여기는 경향이 있다. 나만의 생각은 아닐 것이다. 왜 그런지 다음과 같은 이유를 생각해 본다.

첫째, 얼마 전까지만 해도 한국 교회는 굳이 전도하지 않아도 부흥했다. 그래서 굳이 전도할 필요성을 느끼지 못했고, 교회에서 전도를 강조하지도 않았다. 결국, 한국 교회에 전도의 전통이 세워지지 않았다

둘째, 요즈음 전도를 잘 안 하는 이유는 전도해도 열매가 없기 때문이다. 1-2년 후 쉬지 않고 전도해도 열매가 없는 경우가 허다하다. 그래서 전도해도 소용 없다는 인식이 교인들 사이에 팽배하다.

셋째. 목사가 전도를 안 한다.

그러니 교인들이 전도하겠는가?

전도하다 보면 "목사님도 전도하시냐"는 이야기를 너무 많이 듣는다. 사람들이 목사는 전도를 안 하는 사람인

줄 안다.

 한국 교회의 살길은 전도하는 것이다. 한국 교회가 전도하는 교회가 되려면 전도 특강이나 전도 프로그램 가지고 되지 않는다. 먼저 담임목사가 1주일에 2시간이라도 전도지 들고 길거리에 나가 전도의 본을 보이면 교인들도 따라 한다. 그 후에 전도 특강이나, 전도 프로그램을 행하면 효과가 있을 것이다. 한국 교회가 살길은 단언컨대 전도하라는 주님의 명령에 따르는 것이다. 순종하면 산다.

 2021년 10월 31일 저녁 7시 주원교회 찬양 예배 때 대전 동노회 장성권 목사님(중경 노회장)께서 '순종하면 삽니다'라는 제목으로 설교하셨다. 내용을 간략하게 설명해 보겠다.

 하나님께서 엘리야를 사르밧 과부에게 보내셨다. 사르밧 과부에게 먹을 것을 얻어먹도록 하셨다. 사르밧 과부는 남은 떡 한 조각을 외아들과 함께 먹고 굶어 죽으려 하던 참이었다. 그러나 엘리야는 사르밧 과부에게 남은 떡을 자기에게 달라고 명령했고, 사르밧 과부는 순종함으로 자신과 아들을 살릴 수 있었다.

 이 말씀을 듣고 한국 교회와 주원교회가 살길이 무엇인가를 생각해 보았다. 여기에는 중대형 교회도 포함됨을 말씀드린다. 이것저것 따지지 말고 열심히 전도하는 것이다. 열매가 있든 없든 전도하라는 것이다.

다시 말해 때를 얻든 못 얻든 전도하라는 것이다. 코로나 사태에도 전도하라는 것이다. 끝까지 전도하라는 것이다. 이것만이 한국 교회가 살길이다.

주원교회는 거리 전도로 테이블 전도만 한 것이 아니다. 주원교회 자체 제작한 전도지를 알바를 동원해 집집마다 전달하거나, 신문 지국에 비용을 주고 전도지를 배달하기도 했다. 전도지를 들고 길거리를 돌아다니면서 행인들에게 전도지를 나눠 주기도 했다. 그 외 여러 가지 전도 방법을 총동원했다. 그러나 그 중에서 테이블 전도가 가장 열매가 많았다고 말씀드린다.

20일 금식 기도 후 주님께서 지혜를 주셔서 그외 다양한 방법으로 전도하게 하셨다. 출석 성도 100명을 놓고 볼 때 테이블 전도 등 길거리 전도로 50명, 제가 지금 설명할 전도 방법으로 50명을 전도했다고 보면 된다. 그만큼 제가 지금 설명하는 전도 방법도 중요하다.

그러나 기억해야 할 것은 테이블 전도에 목숨을 걸었기 때문에, 하나님께서 다른 방법으로도 영혼을 주셨다는 것이다. 만일 우리가 땀 흘리며 테이블 전도를 안 했다면 하나님께서 다른 방법으로도 영혼을 주시지 않으셨다고 단언할 수 있다.

제2장

코로나 이전의 다양한 전도 방법

1. 방 전도
2. 사무실 전도
3. 목사님, 전도사님 전도
4. 개척 교회의 살길- 협동 목회
5. 결혼 정보 회사와 협력하는 전도
6. 무료 법률 상담을 통한 전도
7. 다단계, 기획 부동산, 보험인도 전도하다
8. 어르신 전도 - 경로 대학
9. 용돈 전도
10. 가족, 친인척, 친구 전도
11. 노숙인 전도
12. 목회철학도 시대에 맞게 바뀌어야
13. 방법보다 하나님의 은혜로
14. 전도의 명과 암

1

방 전도

 방 전도는 세입자에게 방을 소개해 주고 전도하는 방법이다. 주원교회는 가건물이 몇 개 있었다. 조립식으로 지은 건물 안에 방을 들여놓았다. 나는 빈방을 놀리느니 무료로 방을 주는 것이 어떨까 생각해 보았다. 교차로에 무료 방을 임대한다고 공고를 냈다. 교회에 방이 3개 있었는데 방이 금새 다 나갔다.

 세입자에게 공과금으로 5만 원을 받거나 교회에서 봉사하는 조건으로 방을 무료로 빌려주었다. 쌀과 부식도 일부 제공했다. 당연히 그분들이 주원교회에 나오게 되었다. 이분들 중 지금까지 주원교회 관리집사로 훌륭히 사명을 감당하는 분도 계시다. 감사한 일이다.

 교회에서 무료로 방을 임대하는 것을 중요한 전도 방법으로 채택할 필요가 있다. 교회에 빈 공간이 있으면 방으로 꾸며 임대하면 좋은 전도 효과를 볼 수 있다. 아니면 교회가 직접 저렴한 방을 구해 임대해 주어도 된다. 공과금 5만 원 정도 받는 것이 좋다. 각 교회에서 형편에 맞게 결정하면 된다. 기본적인 생필품을 교회에서 제공하거나 생필품을 각자 구입하도록 해도 된다.

한 가지 확실한 것은 교회가 제공한 방에 기거하게 되면 확실히 교회에 나오게 된다는 것이다. 여기서 주의할 점은 아무나 들이는 것이 아니라 믿는 사람을 들이는 것이다. 믿지 않는 사람을 들이면 이사 가면 대부분 교회 나오지 않는 경우가 대부분이다. 임대를 해지하면 더 이상 교회에 나오지 않는다고 보면 된다. 그렇기 때문에 기도하는 가운데서 믿는 사람만 들이는 것이 중요하다. 믿겠다는 사람도 들여서는 안 된다.

교회 방을 무료로 제공하다 많은 교인을 만나게 되었다. 물론 그런 분은 교회에서 무료로 방을 제공한다고 왔다가 교회 방을 이용하지 않았지만 주원교회와 인연을 맺으신 분들이다. 그런 분들 중에서도 5-6명 정도가 주원교회에 다니고 있다.

놀랍지 아니한가?

그러나 이것은 실화다.

2

사무실 전도

주원교회에는 빈 사무실이 2개가 있었다. 평일에는 쓰지 않으니 이것도 공과금 5만 원만 받고 임대하니, 금방 임대가 되었고, 두 분이 주원교회에 열심히 나오고 계시다. 앞으로 한국 교회는 평일에는 안 쓰는 사무실은 전도용으로 임대하면 좋을 것이다.

더욱 중요한 것은 사무실 임대 광고를 보고 주원교회를 찾으신 분들 중에서 주원교회 사무실은 안 쓰셨지만 주원교회와 인연을 맺고 주원교회에 나오시는 분이 세 분이나 되신다는 것이다. 참으로 놀라운 일이다.

3

목사님, 전도사님 전도

 길거리에서 전도하다 보면 목회자들을 많이 만나게 된다. 특히, 은퇴하신 목사님들을 많이 만나게 되는데 그분들이 마땅히 할 일이 없어 끝까지 사명을 감당하지 못하시는 것을 볼 때 안타깝다. 이분들에게 할 일을 교회에서 맡겨 주면 기꺼이 교회를 도와주신다.

 주원교회에서 하나님 은혜로 좋으신 목사님들을 만나 사명을 감당하실 수 있는 기회를 드렸다. 현재 주원교회에 세 분의 은퇴 목사님과 몇 분의 목사님, 전도사님이 각자 은사와 사명대로 사역을 감당하고 계신다. 교회는 작지만 많은 목사님, 전도사님과 동역하고 있다.

 그러나 많은 담임목사님이 다른 목사님을 모시는 것을 부담스러워하신다. 왜냐하면, 목사님들은 각자 자신의 목회철학과 신앙관을 가지고 평생 사신 분이시기에 자칫 담임목사의 목회철학과 부딪혀 목회에 부담을 줄 수 있다고 생각한다. 그러나 담임목사는 그분들이 동역자라는 인식을 갖고 협력해 목회하는 것이 주님의 뜻임은 분명하다.

담임목사는 자신의 생각을 내려놓아야 한다. 물론 이것도 힘든 일이다. 자신을 십자가에 못 박는 일이다 그러나 협동 목회가 주님의 뜻이면 순종해야 한다. 더 자세한 내용은 개척 교회 세미나 같은 강의를 통해 설명할 예정이다.

4

개척 교회의 살길 - 협동 목회

모든 목사님은 하나님의 동역자임을 인정해야 한다.

어떻게 혼자 개척 교회를 할 것인가?

20년 전만 해도 이것은 가능했다. 그러나 지금은 여러 목사님과 협력하지 않으면 교회를 세우기 힘들다. 개척 교회의 살길은 협동 목회다.

개척 교회에는 은퇴목사님들 같은 믿음의 연륜이 있고, 신앙의 깊이가 있는 분을 만나기 어렵다. 결국, 개척 교회가 살아남으려면 담임목사가 은퇴 목사님들과 손을 잡아야 한다는 것이다. 담임목사는 그분들을 진정으로 인정해 주고, 존중해 주고, 포용해 주어야 한다. 물론 이 일은 쉬운 일이 아니다.

주원교회는 오후 예배는 여러 목사님들이 돌아가면서 설교한다. 그리고 5주가 있는 달은 마지막 주 대예배에 여러 목사님이 돌아가면서 설교한다. 대예배 설교도 목사님들이 순서대로 하는 것이다. 그리고 주일 모든 예배 순서에 담임목사는 주일 11시 대예배 설교만 하고 나머지는 목사님, 전도사님이 나누어서 순서를 맞는다.

또 성경 공부를 담당하시는 목사님, 영성 집회를 담당하시는 목사님이 계시다. 은사와 사명에 따라 맡겨진 사명에 충성하신다.

더 나아가 주원교회는 정관을 만들어 협동 목회를 주원교회 원칙으로 삼았다. 나중에 대한민국에 코로나 사태가 났을 때 연로하신 여러 목사님이 주원교회를 떠나지 아니하고 주원교회의 버팀목이자 울타리가 되어 주셔서 주원교회를 지탱해 주셨다.

보라 형제가 연합하여 동거함이 어찌 그리 선하고 아름다운고(시 133:1).

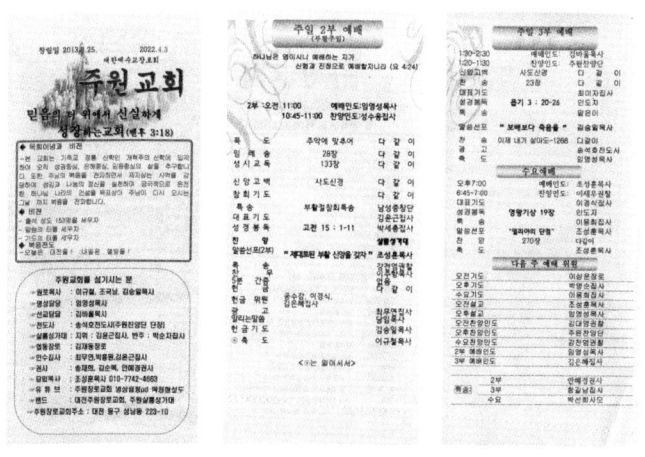

[사진 2-1] 협동 목회의 현장(주원교회를 섬기시는 분)

5

결혼 정보 회사와 협력하는 전도

　한국의 가장 큰 문제 중 하나가 출산율 저하다. 누구나 다 알다시피 출산율 저하의 원인은 낮은 결혼율이다. 노총각, 노처녀가 이리도 많은지. 그래서 나는 평소 알고 지냈던 결혼 정보 회사 대표님과 함께 시집·장가 보내기 운동을 하기로 뜻을 모았다. 물론 이런 일로 주원교회를 찾으시는 분들이 더러 있었지만 전도의 결실로 맺어지지 않았다.
　그러나 포기하지 않고 결혼을 통한 전도를 지속할 예정이다. 그리고 감사한 것은 결혼 정보 회사 대표님과 결혼 문제로 교류하다 그 대표님이 주원교회 교인이 되신 것이다.

6

무료 법률 상담을 통한 전도

주원교회 박홍원 안수집사님이 계신데, 법학박사다. 이 집사님이 매주 둘째 주일 11시 예배 후 무료법률 상담을 하고 계신다. 아직 뚜렷한 전도 성과는 없지만 봉사 차원에서 이 일을 하고 있다. 조만간 전도의 결실도 맺히리라 믿는다.

7

다단계, 기획 부동산, 보험인도 전도하다

 다단계 하시는 분이 우리 사회에 유독 많은 것 같다. 의외로 많은 목사님이나 전도사님이 다단계에 빠져 있다. 물론 다단계라고 다 잘못된 것은 아니다. 분명 건전한 것도 있다. 그러나 사기성이 충만한 다단계도 많이 있다. 떴다방같이 돈 놓고 돈 먹기 하다 튀는 사람이 한두 사람이 아니다.

 나도 주변 권유에 걸려들어 상당히 큰 돈을 날려 버렸다. 특히, 일부 다단계 하는 사람은 개척 교회 목사를 먹잇감으로 생각한다. 교회에 나온다고 하면서 목사에게 거액의 투자를 감언이설로 유혹한다. 여기에 넘어가면 안 된다.

 나도 하도 많이 당해 이제는 웬만해서 속지 않는다. 그렇지만 건전한 다단계를 하는 사람은 전도 대상으로 삼을 수 있다. 사실 돈도 많이 들어가지 않는다. 가입 비용도 없다. 가입해 주고 필요한 생활 필수품을 사 주면 된다. 나는 이렇게 해서 두 사람을 전도했다.

 그 외 전문적으로 이 교회, 저 교회를 옮겨 다니면서 개척 교회 목사 사냥하는 꾼들도 있다. 기획 부동산을 하시는 분들 중 그런 분이 더러 있다. 기획 부동산을 한다고 다 나쁜 사람은 아니다.

그러나 땅을 팔기 위해 교회 다니는 사람은 조심해야 한다. 땅을 팔기 위해 이 교회, 저 교회 옮겨 다니고 2-3개 교회를 한꺼번에 다니는 사람도 있다. 땅을 사 주면 영원히 교회에 나올 것 같이 유혹하지만, 그런 사람은 거의 없다. 우리 교회도 그런 사람이 있었지만 땅을 사 주지 않았다. 액수가 너무 컸기 때문이다.

또한, 보험인도 많이 만난다. 보험인은 훨씬 나은 편이다. 그들은 정당한 방법으로 영업하기 때문이다. 그래서 적절하게 보험 들어주며, 남도 소개시켜 주면 의외로 쉽게 전도할 수 있다. 우리 교회도 그렇게 해서 좋은 권사님 한분을 전도했다. 그분은 열심히 주원교회에서 신앙생활을 하고 있다.

8

어르신 전도 - 경로 대학

 우리나라는 아시다시피 노령화사회다. 60세 이상이 전 인구의 20퍼센트 이상이다. 그래서 어르신 전도를 안 하고는 한국 교회는 빈 공간이 많아질 것이다. 어르신 전도의 가장 좋은 방법은 경로 대학을 교회에서 개최하는 것이다. 다른 교회도 그렇겠지만 주원교회가 심혈을 기울이는 것이 경로 대학이다. 한 달에 한 번씩 어르신들을 모아 잔치를 베풀어 드린다.

 중요한 것은 경로 대학을 목사가 운영하는 것이 아니라 어르신이 스스로 운영하도록 하는 것이다. 경로 대학 일을 맡겨 드리면 믿지 않으시는 어르신들도 교인이 된다. 경로 대학을 운영하는 어르신들이 주원교회 교인이 되는 것이다.

 그래서 30년 넘게 초등학교에 몸담으시고 은퇴하신 변상호 선생님께서 주원교회 경로 대학을 운영하시다 주원교회 교인이 되셨다.

9

용돈 전도

  또 한 가지 중요한 어르신 전도 방법은 어르신께 용돈을 드리는 것이다. 교회 오는데 돈을 준다는 것은 있을 수 없다고 주장하시는 분이 계시다. 처음에는 나도 그렇게 생각했다.

  '교회 오는데 무슨 돈이냐, 하나님께 헌금해야지.'

  맞는 말이다. 여태껏 어르신에게 용돈을 드린다는 생각은 안 해 보았다.

  그러나 자식도 부모님께 용돈을 드리지 않는가?

  주원교회도 어르신 다섯 분께 매주 용돈을 드리기 시작했다. 5천 원씩 드린다.

  교회가 어르신께 맛있는 것 사 드리고 용돈 드리는 것이 나쁘다고 할 수 있을까?

  어르신들은 이렇게 용돈 받으면 기뻐하신다. 그러면 그분들은 누구보다 열심히 교회에 나오신다. 웬만한 믿음 있으신 분보다 주일 성수를 더욱 철저히 하신다. 비가 오나 눈이 오나 바람이 불어도 오신다. 찬 바람이 불어도 오신다.

눈발이 내려쳐도 오신다. 이 세상 그 어떤 믿음의 용사보다도 더 열심히 교회에 나오신다.

받은 용돈 중 얼마를 떼어 헌금도 하신다. 정말 말 그대로 주일 성수를 하시는 것이다. 교회마다 사정이 있겠지만 한 분당 3천-5천 원 용돈을 드리실 수 있다. 그러나 용돈 받고 술 드시는 분들은 배제하는 것이 좋다. 어르신은 교회 형편에 따라 5-10명 정도로 제한을 두면 좋다. 자칫 너무 많은 분께 드리면 그 교회는 돈 주는 교회로 소문이 나면 곤란하다.

한 가지 분명한 것은 교회 교역자도 돈을 받는 것은 사실이 아닌가?

다만 액수가 다를 뿐이며, 목적이 다를 뿐이다. 한쪽은 사례비며, 또다른 쪽은 용돈이다. 교회에서 어르신들께 용돈을 드리는 것이 그다지 안 좋은 일로 보이지 않는다. 그러나 장기적으로 어르신들이 주님의 은혜를 알고 용돈을 받는 것이 아니라 헌금을 드리는 분으로 바뀌어 가는 것이 바람직할 것이다.

10

가족, 친인척, 친구 전도

개척하면서 가장 쉽게 교회로 인도할 대상이 가족, 친인척, 친구들이다. 다른 교회도 마찬가지지만 주원교회도 가족, 친인척들과 함께 개척을 시작했다. 그분들 중 기존 교회 나가시는 분들도 있고, 아예 교회 자체를 안 가거나, 타 종교를 갖고 계신 분들도 있다.

부모, 자식의 경우는 종교 유무와 상관없이 개척 교회에 합류할 가능성이 크다. 그러나 형제나 친구들은 부탁해도 다 개척 교회에 합류하지 않는다. 그런 경우 한 달에 한 번만 교회에 나와 달라고 부탁하면 된다. 간절히 부탁하라.

웬만하면 들어준다. 무리하게 매주 나와 달라고 부탁하지 말고 한 달에 한 번만 나와 달라고 사정하면 들어준다.

나의 누님은 수원에 사시고, 천주교인이시다. 그럼에도 부탁했더니 한 달에 한 번 주원교회에 오셔서 예배 참석하신다.

서울에 사는 아들도 처음에는 매주 왔고, 그 후 2주에 1번, 나중에 1달에 1번 왔고 지금은 오지 않고 십일조만 보낸다.

그래서 개척할 때는 먼저 가족, 친인척, 친구들에게 부탁해서 2년이고 4년이든 1달에 1번 정도는 나와 달라고 부탁해서 빈 자리를 채워야 한다. 이것이 개척 교회의 살길이다.

11

노숙인 전도

주원교회는 대전역과 가까워서 많은 노숙인을 만나게 된다. 주원교회는 노숙인 전도에 사명을 가지신 집사님도 계신다. 김은혜 집사님이시다.

노숙인에 대한 선입견이 있다. 냄새나고, 역겹고, 더럽고, 술주정뱅이라는 것이다. 그러나 이런 선입견은 잘못된 것이다. 노숙인 중에는 비교적 깔끔하신 분도 있다. 술도 잘 안 드시는 분도 적지 않게 있다. 다만 사업에 실패해 돈 문제로 잠시 노숙인 생활을 하시는 분들인 것이다. 그래서 노숙인 선교를 하다 보면 돌에서 보석을 줍듯이 괜찮은 분들도 만나게 된다.

물론 더럽고 냄새나는 분이시라면 교회에 데려오기 어렵다. 그분들을 차별하는 게 아니라 교회에 나오시는 새 신자에게 불쾌감을 준다면 문제가 된다는 것이다. 그러나 비교적 멀쩡한 분들은 얼마든지 교회 일원이 될 수 있다. 주원교회는 그런 분들을 몇 명 전도했다. 그중에는 직장생활로 복귀하여 정상인의 삶을 사시는 분도 있다.

그리고 노숙인 선교를 하다 보면, 노숙인 선교를 하는 분들을 전도할 수 있다. 김진규 전 대전라이온스 총재도 그런 분 중의 한 분이시다. 김진규 총재는 대전역에서 수년 동안 노숙인 선교를 해 오신 분인데, 노숙인 선교할 때 알게 되어 현재 주원 교회에 잘 나오고 계시다.

이와 같이 노숙인 선교하다가 노숙인 선교하시는 분들을 만나게 되는데 그분들이 바로 전도 대상자다.

[사진 2-2] 김진규 전(前) 대전라이온스 총재(왼쪽), 오른쪽이 필자

개척 교회 목사는 눈을 낮추어 이 사회의 소외된 자를 찾아가 적극적으로 전도해야 한다. 이것은 기성 교회보다 개척 교회가 잘 할 수 있는 일이다. 기성 교회는 멤버가 다 짜여 있어 노숙인 같이 사회에서 소외된 사람이 들어가기 어렵다. 이 일을 개척 교회가 해야 한다. 그래서 개척 교회가

필요한 것이다.

개척 교회 목사가 눈을 낮추어 이 사회의 소외된 사람을 위해 봉사하고 전도하다 보면 돌에서 보석을 줍듯이 귀한 영혼을 만나게 될 것이다.

성경에도 이런 말씀이 있지 않은가?

> 형제들아 너희를 부르심을 보라 육체를 따라 지혜로운 자가 많지 아니하며 능한 자가 많지 아니하며 문벌 좋은 자가 많지 아니하도다 그러나 하나님께서 세상의 미련한 것들을 택하사 지혜 있는 자들을 부끄럽게 하려 하시고 세상의 약한 것들을 택하사 강한 것들을 부끄럽게 하려 하시며 하나님께서 세상의 천한 것들과 멸시 받는 것들과 없는 것들을 택하사 있는 것들을 폐하려 하시나니 이는 아무 육체도 하나님 앞에서 자랑하지 못하게 하려 하심이라(고전 1:26-29).

그 외 다양한 방법으로 전도했다. 교회마다 특성에 맞게 다양한 전도 방법을 개발해 실제 적용해 나가야 한다.

12

목회철학도 시대에 맞게 바뀌어야

지금은 개척하면서 담임목사의 목회철학을 구현할 때는 아니라고 생각한다.

1980년대만 해도 담임목사의 목회철학에 따라 교회는 따라갔다. 은사 위주면 은사로, 말씀 위주면 말씀으로, 교회가 특징지어졌다. 그러나 요즘 개척 교회는 그런 식으로는 어렵다. 담임목사는 자신의 목회철학을 교인들에게 강요할 것이 아니라 교인들의 신앙 성향을 받아들여야 한다. 그리고 교회라는 용광로 속에서 교인들의 신앙관을 받아들여 융합할 수 있어야 한다.

주원교회는 신앙의 스펙트럼이 넓다. 말씀 위주의 신앙을 가지신 분도 있고, 불로 불로 하시는 분도 있다. 재림을 기다리시는 교인도 계시고, 재림에 대해 나 몰라라 하는 교인도 있다. 이렇게 주원교회는 여러 성향의 교인을 선입견 없이 받아들이고 있다.

13

방법보다 하나님의 은혜로

이렇게 주원교회는 다양한 방법으로 전도했다. 그러나 방법이 열매를 맺을 수 있었던 것은 그 방법 때문이 아니라 하나님께서 그 방법을 사용해 사람을 주원교회에 보내 주셨기 때문이다.

그래서 어느 교회도 우리 교회와 같은 방법을 사용한다고 해서 똑같은 결과를 얻을 것이라고 예단할 수 없다. 방법이 아니라 하나님 은혜로 이런 결과를 얻었기 때문이다.

각 개척 교회는 처지에 맞게 다양한 전도 방법을 개발해야 한다. 그리고 하나님께서 그 방법을 사용하시도록 기도해야 한다. 예를 들면, 방과 후 학교, 무료 집수리 등 여러 가지 전도 방법을 교회에 맞게 개발할 수 있다.

봉사와 전도를 구분해서는 안 된다. 봉사가 전도로 연결될 수 있도록 해야 한다.

주원교회는 온갖 방법을 다 동원해 전도했다. 하나님께서 우리의 노력이 헛되지 않게 하셔서 주원교회는 매년 100퍼센트 성장했고 결국 코로나가 터지기 전 2019

년 2월까지 창립 5주년에 벌써 주일 낮 11시 예배 출석 성도가 80-100명에 육박했다.

  이미 내가 첫 번째 개척을 했을 때인 1994년도에도 개척은 어렵다고 했는데, 두 번째인 2013년에는 개척이 불가능하다고 여러분들이 말하고 있었던 터라 주원교회의 성장은 매우 드문 사례임이 틀림없다. 그렇다고 사례 발표할 정도로 폭발적인 성장은 아니었으나 드물게(?) 성장한 것은 틀림없다.

14

전도의 명과 암

방 전도와 여러 전도 방법은 분명히 좋은 효과적인 전도 방법의 하나임이 틀림없다. 그러나 처음 시도해 본 방법인지라 시행착오가 많았다. 그래서 이 페이지에서는 다양한 전도 방법의 장점뿐만 아니라 위험성도 알려 드릴까 한다.

30대 여성이 어렵다고 해서 교회 방을 하나 내어 주었다. 보통 여성에게는 방을 내주지 않는다. 아무래도 불편한 점이 많기 때문이다. 그런데 1년도 안 되어 이분이 문제를 일으키기 시작했다. 정신적으로 문제가 있다는 것을 나중에 알게 되었다. 교회 내에서 소리를 지르고 주변 사람들과 아무것도 아닌 일로 싸우는 일이 빈번했다.

그래서 내보내려고 하니 안 나간다고 해서 이분이 지난 1년간 낸 공과금과 이사 비용을 합쳐 70만 원을 주고 나서야 간신히 내보낼 수 있었다. 문제는 여기서 끝나지 않았다. 이 여인은 계속해서 우리를 괴롭혔다. 구청에 교회에 불법 건축물이 있다고 민원을 제기했다. 빈방이 주거 시설이 아니라 사무실로 허락을 받았는데 주거용으로 쓰고 있다는 민원이었다.

계속해서 이분이 민원을 제기하자 구청 직원이 어쩔 수 없이 교회 대표인 필자를 경찰에 2번 고발하게 되었다. 그래서 벌금 30만 원을 부과받았다. 문제는 이보다 더한 일도 생길 수 있다는 것이다. 무료로 방을 준다고 하니 별 사람이 다 온다. 그만큼 심사를 철저히 해 부적응자를 가려내지 않으면 큰 화를 당할 수 있다.

교회 밖의 방을 소개해 주는 것도 쉬운 일이 아니다. 문제 일으킬 사람을 잘못 소개해 주면 집주인의 신뢰를 잃어 앞으로 집주인과 거래하기 힘들다.

그러나 열 길 물속은 알아도 한 길 사람 마음속은 모르지 않는가?

그래서 기도하면서 문제 있는 사람은 사전에 가려내지 않으면 큰 화를 당하고, 교회의 존립이 위협받게 될 것이다. 그러나 "구더기 무서워 장 못 담그랴?"

방 전도는 주님께서 주신 한 가지 전도 방법임이 틀림없다. 기타 사무실 전도, 직장 소개 전도 등 모든 전도 방법을 사용할 때 주의를 기울어야 한다. 또 개척 교회는 숱한 사람들이 돈 냄새를 맡고 몰려든다. 개척 교회를 하시는 목사님들은 다 아는 일이다.

개척 교회 목사는 한 사람이 아쉬운 터라 누구라도 오면 환장(?)을 한다. 그 약점을 이용해 돈벌이하는 사람도 있다.

불법 다단계 하는 사람, 돈 빌려 달라는 사람, 방 보증금을 내 달라는 사람, 별사람이 다 있다. 지혜롭게 대처해 나가야 한다. 잘못하면 돈 잃고 사람 잃는다. 절대 돈거래하지 말아야 한다. 필자 역시 돈 거래하다가 돈 잃고 사람도 잃은 적이 있다. 정말 도움이 필요한 사람은 도와줄 수 있다. 그러나 돈 거래만은 하지 말아야 한다.

이 교회 저 교회 돌아다니면서 개척 교회 목사를 등치는 전문 사기꾼이 활개친다. 그런 사람들에게 당하는 불쌍한 목사님, 사모님이 많으시다.

제3장

코로나 시대에 살아남기

1. 코로나 사태에 큰 위기를 맞다
2. 살아남기 위해 고군분투하다
3. 현장 예배를 고수하다
4. 한국 최초 천막 예배의 시작
5. 코로나 시대의 또 다른 전도 방법
6. 직장 전도
7. 코로나와의 전쟁이 시작되었다
8. 코로나 사태에 주원교회가 회개하다

1

코로나 사태에 큰 위기를 맞다

큰 어려움이 없이 성장해 가던 주원교회에 6년 만에 위기가 닥치기 시작했다.

주원교회뿐 아니라 한국 교회 아니 전 세계 교회에 위기가 닥친 것이다. 특히, 주원교회와 같이 100명 미만의 교회에 큰 타격을 줄 위기의 파도가 닥쳤다. 2019년 1월 첫째 주 오후 1시 예배 때 우리 교회 이규철 목사님께서 설교하셨는데, 설교 주제는 '손을 들어 기도하라'였다.

> 그러므로 각처에서 남자들이 분노와 다툼이 없이 거룩한 손을 들어 기도하기를 원하노라(딤전 2:8).

'왜 굳이 손을 들고 기도하지?' 라고 생각했다.

'그냥 기도하면 안 되나?'

그러나 목사님께서 설교할 때 손을 들어 기도해야 하는 이유를 설명해 주셨다. 즉, 위기에 닥칠 때 손을 들어 기도하라는 것이다.

'물에 빠진 사람이 구원받기 위해 손 들고 소리치듯이 ….'
'무슨 위기일까?'

나는 이 목사님의 설교가 이상하게(?) 마음 판에 새겨졌다. 무슨 하나님의 뜻이 계심을 당시에는 몰랐다. 그 이후 한 달이 지났다. 코로나 사태가 시작되었다. 당시는 저뿐만 아니라 거의 대부분 사람이 몇 달 가다가 진정되리라 믿어 의심하지 않았다. 사스와 메르스 때와 마찬가지로 ….

그러나 한 달, 두 달이 지나도 코로나는 사그라들 기미가 보이지 않았다. 2년이 지났지만 지금까지 계속될 줄은 상상도 못했다. 그래서 주님께서 지금은 손을 들어 기도할 때라고 말씀하신 것이다.

신천지에서 코로나 확진자가 대규모로 발생했다고 연일 대서특필로 방송에서 첫 뉴스로 내보내기 시작했다. 이로 인해 신천지는 한국 교회를 무너뜨리는 예봉을 상실했다. 기독교인들은 다들 하나님의 은혜라고 생각하고 기뻐했다. 전에는 신천지에 대해 입도 뻥긋 못했던 목사님들이 이제 강대상에서 담대히 신천지를 비판하고 있었다. 나도 마찬가지였다.

그러나 문제는 일반 사람들이 이 기독교와 신천지를 제대로 구분하지 못하고 있다는 것이다. 그리고 얼마 후 교회에서 확진자가 나오기 시작했고, 많은 방송에서 교회에서 확진자가 나온 뉴스를 톱 뉴스로 다루기 시작하자, 교회가 코로나의 진원지가 되어 버리고 말았다. 한국 교회의 위기가 시작된 것이다. 무엇보다 주원교회의 위기였다.

100명 이하의 교회가 가장 큰 피해를 당했다. 100명 이하의 교회는 새 신자가 비교적 많다. 코로나 사태에 가장 먼저 교회를 떠난 사람들이 바로 이들인 것이다. 그래서 100명 이하의 교회와 개척 교회가 가장 큰 타격을 입은 것이다.

주원교회 출석률이 90명에서 80명, 70명, 60명, 50명으로 계속 떨어졌다. 그리고 이어 예배 참석 가능 인원이 제한되기 시작하자 위기는 심화되었다. 주로 처음 교회 나오신 분, 믿음이 적으신 분, 지병이 있으신 분들이 차례로 교회에 나오지 않았다. 다른 교회는 더욱 상황이 안 좋았다고 한다. 주원교회가 그래도 나은 편이라고 했다.

우리 교회뿐만이 아니다. 한국 교회 전체가 출석률이 극적으로 감소하고 있었다. 개척 교회도 얼마 안 되는 사람들이 떨어져 나갔고 문 닫는 교회들이 속출했다. 문제는 주원교회에서 그래도 믿음이 있으신 분들이 얼마나 버텨줄 것인가였다. 다행히 하나님 은혜로 주원교회 출석수가 50명대에서 유지되었다.

2

살아남기 위해 고군분투하다

　하나님 은혜로 목사님들이 든든히 자리를 지켜 주셨다. 다른 교회를 보면 원로목사님들이 소위 비대면 예배를 드리는 경우가 많았는데 주원교회는 목사님들이 사모님과 함께 백신도 안 맞은 상태에서 주일 예배에 한분도 빠지지 않고 참석하셨다.

　노령의 은퇴목사님들, 사모님들이 백신도 맞지 않은 상태에서 예배에 참석하신다는 것은 생명을 건 헌신이었다. 목사님들께 감사하며, 모든 것이 하나님 은혜였다.

　만일 목사님들이 교회에 나오지 않았으면 주원교회도 속절없이 무너졌을지도 모른다. 왜냐하면, 근근이 교회에 나오시던 교인들이 목사님들이 안 나오면 저들도 안 나올 명분이 생기기 때문이다. 사실 주원교회가 산 것은 연로하신 목사님들이 자리를 지켜 주셨기 때문에 가능했다.

　그리고 안수집사님 2명과 권사님 2명이 굳건히 자리를 지켜 주었고 놀라운 것은 교회에서 용돈 드리던 5명의 어르신이 변함없이 교회에 나오시는 것이다. 이분들의 은혜를 평생 잊지 못할 것 같다.

나중에 들은 이야기로는 용돈을 지금껏 교회에서 받았는데, 어렵다고 교회를 떠날 수 없다고 하셨단다. 그리고 교회 방에 기거하시던 성도님들이 변함없이 자기 자리를 지켜 주셨다. 이런 분들을 중심으로 주원교회는 출석수 50명대를 유지하고 있었다.

코로나 상황이 악화되자 예배 인원이 제한되고 예배 자체를 드리지 못하게 되었다. 어차피 출석 수가 떨어져 예배 인원 제한을 받아들일 수 있었으나 예배드리지 못하게 하는 것은 우리 교회에는 치명적이었다. 믿음이 적은 교인들이 교회를 쉬고 몇 달 후에 다시 나온다는 보장이 없었다. 그대로 교회는 문을 닫게 될 가능성이 컸다.

고분고분 정부 말을 따랐다가 얼마나 많은 교회가 문을 닫았는가?

그리고 주원교회같이 100명 미만인 교회에서 비대면 예배는 사실 불가능하다. 주원교회에서 비대면 예배를 제대로 드릴 수 있는 교인은 극히 소수며, 비대면 예배를 드린다는 것은 예배를 드리지 않는다는 것과 같은 말이다. 그래서 주원교회는 한가지 원칙을 정했다. 현장 예배를 고수하자.

3

현장 예배를 고수하다

　예배를 드리면 구청에서 나를 고발하겠다고 하는 등 압박이 세졌다. 큰 교회도 아니고 작은 교회가 법을 상대로 싸울 수 없는 노릇이다. 다행히 비대면 예배를 위한 영상 촬영 인원 19명은 예배에 참여할 수 있었다. 나머지 인원은 각자 차를 타고 대전 인근 옥천 냇가로 가서 예배 드렸다.

　그러나 이런 식으로 계속 야외 예배를 드릴 수 없었다.

[사진 3-1] 주원교회가 예배드렸던 옥천 시냇가 모습

그러다가 어느 목사님이 좋은 아이디어를 제공해 주셨다. 예배를 나누어서 드리자는 것이었다. 그래서 19명씩 4부로 나누어 드렸다.

1부 예배: 오전 9시
2부 예배: 오전 11시
3부 예배: 오후 1시
4부 예배: 오후 7시

왜 진작 이런 생각을 못 했을까?

그래서 주원교회는 한 번도 예배를 쉬지 않고 대면 예배를 드릴 수가 있었다. 예배를 쉬지 않았다는 것이 주원교회가 살아남은 비결 중 하나였다. 그러나 교인들 중 코로나로 본당에서 대면 예배를 드리는 것을 부담스럽게 생각하는 교인들이 생기기 시작했다. 언제까지 저분들에게 교회 오시라고 강요(?)할 수 없었다.

물론 교회 나름대로 코로나 방역에 최선을 다했다. 기본적인 방역 수칙 외 본당에 환풍기 7대를 설치해 실내 환기에 만전을 기했고, 본당 좌석마다 아크릴 가림막을 설치했다.

아무리 이런 노력을 해도 코로나로 불안한 심리를 진정시킬 수는 없었다. 그래서 만든 것이 천막 예배 처소였다.

4

한국 최초 천막 예배의 시작

　본당 옆 마당에 천막을 쳐서 예배 드렸다. 야외에서 마스크를 쓰는 등 방역 조치를 하고 예배드리면 코로나에서 안전하다. 병원의 선별 진료소를 보면 알 수 있다. 코로나 검사하는 선별 진료소는 병원 마당에 세워진 천막인 것이다.

　이곳에 수많은 의심 환자가 모이지만, 그중에서 단 한 명도 코로나에 감염되었다는 말을 들은 적이 없다. 다행히 주원교회에는 마당이 조금 있어 천막을 치고 예배를 드릴 수 있었다. 소문이 나서 SBS 대전 방송국에서 주원교회의 예배 처소를 방송에 내보기도 하였다.

[사진 3-2] 주원교회 천막 예배처소

코로나가 걱정되시는 교인들이 주로 천막에서 예배 드렸다. 나머지 분들은 본당에서 예배를 드렸다. 지금까지 이렇게 나누어서 예배를 드린다. 주원교회는 천막 예배 처소를 전단지로 만들어 대대적으로 홍보했다.

코로나 시대에도 테이블 전도를 쉬지 않았다. 다행히 이런 노력 덕택인지, 더 이상 출석률이 떨어지지 않았고, 조금씩 출석률이 오르기 시작했다. 60명대로 출석률이 오르기 시작했다. 대전에서 코로나 사태에 전도하는 교회는 주원교회가 유일했을 것이다.

그러나 분위기가 좋지 않았다. 교회가 자숙해야지 뭐 잘났다고 전도하느냐고 욕하는 사람도 있었다. 전도지나 상품을 주면 코로나 옮겨진다고 안 받고 피하는 사람도 많았다. 마치 우리를 병균을 옮기는 사람 취급했다. 저들의 싸늘해진 눈빛이 비수같이 내 가슴을 찔렀다.

평소에 친하게 지내던 동네 어르신들이 갑자기 인사를 안 하는 경우도 있었다. 세상이 바뀐 것이다. 그러나 성경 말씀에 "때를 얻든지 못 얻든지 항상 힘쓰라"(딤후 4:2)는 말씀이 있다. 이 말씀에 순종하여 계속해서 테이블 전도를 쉬지 않았다.

물론 전도 열매는 적지만 있었다. 그렇지만 코로나로 떨어져 나간 30여 명의 성도를 보충할 방법이 없었다.

5

코로나 시대의 또 다른 전도 방법
- 업그레이드된 방, 사무실 전도 -

    그래서 '방 전도'를 다시 확대해 보기로 했다. 이제는 교회에 있는 방이 다 채워졌기 때문에 제가 아는 빌라 주인을 찾아가 방을 놓아 드리겠다고 제안했다. 대신 보증금이나 월세를 다른 데보다 싸게 해 달라고 부탁했다. 빌라 주인도 흔쾌히 수락했다. 사실 임대가 쉽지 않아 공실률이 컸는데 제 제안이 싫지는 않았던 것이다.

    그래서 제 돈으로 교차로 광고를 했더니 금방 문의가 들어왔다. 보증금과 월세가 저렴하니 문의가 많이 들어왔다. 그래서 OO빌라가 3층까지 있었는데 3층은 집주인이 쓰시고 지하와 1층, 2층을 내가 다 세를 놓아 드렸다.

[사진 3-3] 조성훈 목사가 세를 얻어 준 빌라 모습

그 외 생활 정보지를 보면 의외로 싼방이 많이 나와 있다. 그러면 직접 가서 방을 보고, 마음에 들면 보증금이나 월세를 깎아 달라고 한 후 깎아주면 방의 목록을 작성해 필요한 사람에게 제공한다. 입주자는 내가 생활 정보지에 광고를 내서 모집했다.

처음에는 세입자를 모집하면 세입자가 당연히 교회에 나올 줄 알았는데 그게 아니었다. 방만 얻고 교회를 나오지 않는 것이었다. 그래서 세입자가 입주하기 전 기독교인 여부를 확인해 입주를 허락했다. 그렇게 해서 세입자 몇 명이 주원교회에 나오기 시작하였다.

믿는 세입자라고 다 교회에 나오는 것은 아니다. 교회 나온다고 철석같이 약속하고서도 나오지 않는 분도 있다. 그러나 결국 이렇게 해서 코로나 시대에 10명 정도를 교회로 인도했다. 이렇게 이가 없으면 잇몸으로 한다는 말이 주원교회 경우에 딱 맞았다.

사무실 전도도 확대했다. 교차로를 보면서 공실이 오래되어 있거나 싸게 나온 사무실을 물색하고, 주인을 만나 세입자를 소개해 줄 테니 보증금과 임대료를 30퍼센트 이상 깎아 달라고 하면 거의 다 허락했다. 당연히 세입자에게 사무실을 소개해 줄 때 교회 나오는 것을 조건으로 하였다.

손님들에게 사무실을 소개해서 입주시킨 경우는 아직 없다. 그러나 내가 소개해 준 사무실은 얻지 못했지만, 이 일로 저와 인연이 되어 주원교회에 나오시는 분도 세 분이나 된다.

6

직장 전도

또 한 가지 코로나 시대에 유용한 전도 방법은 직장을 소개해 준다거나, 알바를 소개해 주는 것이다. 직장과 알바에 대한 정보는 생활 정보지를 통해서 알 수 있고, 이런 정보를 토대로 사람들에게 적절한 직장과 알바 자리를 소개해 주는 것이다. 이렇게 해서 몇 사람을 전도했다.

우리 교회 청년 중 말 못 하는 청년이 있다. 귀는 잘 들리는데 말을 더듬어 혼자서 취직이나 알바 같은 것을 할 수 없었다. 청년이 믿음이 있었기에 주원교회에 나오면 일자리나 알바를 소개해 주겠다고 제안했더니 응했다. 그래서 내가 교인 이사 일이나, 허드렛일이 생기면 이 청년에게 연결해 준다.

이 청년은 집이 교회에서 멀리 떨어져 있지만 주일이면 먼 거리를 자전거 타고 교회 오고 있다. 그런데 놀라운 것은 이 청년이 말은 못하지만 찬양은 잘한다는 것이다. 특히, '소향'이 부른 찬양을 잘한다. 감사한 일이다. 알바나 직장을 소개시켜 주는 조건으로 교회 나오시는 분은 이 청년 외

2명이나 된다.

그 외 다양한 방법으로 전도했다. 대출을 알선해 준다든가, 정부 지원을 받을 수 있도록 배려해 준다든가 할 수 있는 모든 방법을 동원해 코로나 시대에 전도했다. 무슨 수를 써서라도 사람을 교회로 인도하기 위해 몸부림쳤다. 주원교회 전도지를 보면 얼마나 우리가 다양한 봉사 활동을 하는 것을 알 수 있을 것이다.

코로나 이전의 전도 방법도 계속 현장에 적용했다. 그러나 코로나 시대에 전도하기는 더 어려워졌다. 그래서 단순히 길에서만 전도하는 것이 아니라, 다양한 봉사 활동을 통해 전도해야 한다.

봉사가 봉사로만 그쳐서는 안 되고 전도와 연결되어야 한다. 이런 방법을 통해 코로나 시대에 귀한 성도를 얻었다. 코로나 시대에 이런 특별한 방법으로 전도해 약 20명의 성도를 얻었다. 이런 특별한 전도 방법이 없었다면 오늘의 주원교회는 반 토막이 나고 성장의 동력을 잃었을 것이다. 다 주님의 은혜다.

그리고 기존에 교회를 떠났던 사람도 한두 사람씩 돌아오기 시작하였다. 드디어 코로나 사태가 일어난 지 1년 6개월 만에 주원교회 출석률이 코로나 전과 비슷해졌다. 매주 평균 80명이 주원교회 대예배에 나오기 시작했다.

7

코로나와의 전쟁이 시작되었다

 모든 목사도 그렇겠지만, 코로나 시대에 하루도 편안하게 잠을 잘 수가 없었다. 교회에서 코로나 확진자가 나오지 않을까 하는 걱정 때문이다. 교회에서 예배 중 코로나 확진자가 나오면 2주간 폐쇄당한다고 한다. 식당은 며칠 후 소독 후 다시 영업할 수 있는데, 교회만 너무 가혹한 대우를 받는다는 느낌을 지울 수 없다.

 목사의 한 사람으로서 현 정부 정책에 반감을 가질 수밖에 없었다. 그러나 현재까지 하나님의 은혜로 확진자가 나오지 않고 2년 가까이 버텼다. 하나님 은혜다.

 백신의 효과도 있었을 것이다. 그렇다고 교인들에게 백신을 맞으라고 강요할 수 없었다. 교인 중 90퍼센트가 제2차까지 백신을 맞았지만, 굳이 백신을 안 맞겠다는 교인도 있다. 건강상의 이유로, 신앙상의 이유로 백신을 안 맞겠다는 것이다.

 정부에서도 강요를 안 하는데, 교회에서 강요할 수 없었다. 한번은 내가 교회에서 백신을 맞는 것이 하나님의 뜻이라고 설교한 적이 있으나, 소용 없었다. 오히려 반발이 있었다. 그래서 지금은 교인의 선택에 맡기고 있다.

바라는 것이 있다면 정부가 교회에서도 확진자가 나올 수 있는데 너무 교회만 가혹하게 다루지 말아 달라는 것이다. 지렁이도 밟으면 꿈틀대는데 교회도 밟으면 꿈틀거릴 것이다.

앞으로 이 땅에서 각종 선거가 있을 텐데 교회를 편파적으로 다루게 되면, 누구에게 도움이 되겠는가?

나는 개인적으로 한국의 대표적 기독교 단체인 한국기독교총연합회(한교총)에게도 불만이 있다. 한교총이 너무 정부 방침에 고분고분 따라 주었다. 교회 내에서 식사와 성가대, 소모임을 안 한다 해도 예배만큼은 사수했어야 하지 않았나 하는 아쉬움이 있다. 최소한 예배 가능 인원 30퍼센트라도 주장하고 관철시켰어야 했다고 생각한다.

그러나 이런 편파적인 대우를 교회가 받을 때 정부 탓, 한교총 탓만 할 게 아니라 이때 한국 교회도 회개할 것이 있으면 회개해야 한다. 주원교회는 코로나 시대에 회개했다. 그런 모습을 보여 주고자 노력했다.

8

코로나 사태에 주원교회가 회개하다

 코로나 시대에 살아남으려고 발버둥 친다고 교회가 살아남는 것은 아닐 것이다. 코로나는 하나님의 심판이라고 본다면, 코로나 사태에 교회가 우선적으로 해야 할 일은 회개하는 일이다.

 한국 교회에 회개해야 할 일이 뭐냐고 반문할 수 있지만 회개할 일이 없을까?

 주원교회는 사실 처음부터 회개하는 자세로 개척을 시작했다. 그러나 사실 이것은 선언적 의미에 그칠 수 있었다. 그래서 2019년 코로나가 터지고 나서 본격적으로 작업해서 주원교회 정관을 만들었다.

 정관은 교회 헌법으로 정관에 기재된 사항은 법적 효력을 가지고 있다. 전도지에 나온 내용을 고스란히 정관에 담았다. 그뿐만 아니라, 한국 교회의 병폐로 지목되던 교회 사유화를 방지하기 위해 3가지 내용을 정관에 추가 삽입했다.

첫째, 인사, 재정 등 중요한 일의 결정은 반드시 교인의 무기명 비밀 투표로 결정한다. 교회가 한두 사람에 의해 좌우되는 것을 막기 위한 조치다.

둘째, 주원장로교회는 협동 목회를 지향한다.

담임목사인 조성훈목사가 혼자 모든 것을 다 하는 것이 아니라 여러 목사님이 자신의 은사와 사명에 따라 각자 위치에서 소신껏 사역하고 있다. 목사님들뿐만 아니라 일반 성도님들도 재량껏 은사대로 찬양 인도자로, 성경교사로 봉사하고 있다. 주원교회는 한마디로 담임목사 혼자 북 치고 장구 치는 교회가 아니라 서로 협력해 사역하는 협력 목회의 산실이다. 이것을 정관에 분명히 명시해 놓았다.

셋째, 개인 소유였던 교회를 주원교회를 법인으로 만들어 주원교회에 기증한다. 전에는 주원교회 등기부등본상 소유주가 내 장모님 이름으로 되어 있었다.

이제 소유주는 주원장로교회가 되었다. 물론 이런 결단하기는 쉽지 않은 일이다. 10억이 넘는 재산을 기증하는 것은 당연한 일이나 쉽지 않은 일이었다.

사실 사람은 당연한 것을 제대로 하지 못하는 죄인 아닌가?

제4장

성령의 능력 다음으로 큰 능력 - 돈

1. 요즘 개척 교회는 돈이 많이 든다
2. 돈을 벌기 위해 알바를 하다
3. 알바를 통해 유명한 성가대 지휘자를 만나다
4. 중국집 배달원이 되다
5. 주님께서 돈을 채워 주시다
6. 교회 건물도 중요하다

1

요즘 개척 교회는 돈이 많이 든다

    개척 교회는 돈이 많이 든다. 큰 교회에서는 주로 교인들이 목사님들께 식사를 대접한다. 그러나 개척 교회는 목사가 주로 교인들을 대접한다. 그래서 개척 교회 목사는 돈을 많이 쓰게 된다. 개척 교회라고 경조사비를 적게 낼 수 없다. 10만 원 낼 것을 5만 원 내면 욕(?)한다. 쩨쩨하다고 한다.

    그리고 교인들이 큰 교회 목사님께는 감히 돈을 꾸어 달라고 말 못 한다. 그러나 교인들은 개척 교회 목사에게 스스럼없이 돈을 꾸어 달라고 한다. 개척 교회 목사의 처지와 약점을 알기 때문이다. 그러면 개척 교회 목사는 돈 없다고 딱 잘라 말을 못 한다. 그러면 교인이 교회를 나오지 않는다.

    그래서 달라는 대로 다 주지는 못하지만, 성의는 표시해야 한다. 그리고 전도 대상자 보험도 들어주어야 하고, 다단계 하는 사람이면 성의도 표현해 주어야 한다. 그리고 그 외 들어가는 돈이 한두 가지가 아니다. 그래서 요즘 개척 교회는 돈이 많이 든다.

돈 없이 하는 개척은 옛날 일이다. 물론 어떤 목사님은 설교도 잘하고 능력 많고, 귀신도 잘 쫓아내서 돈 들 일이 없을지도 모르겠다. 그러나 나와 같이 능력 없는(?) 목사는 천상 돈 들어갈 일이 많이 생긴다. 나도 능력 받아 죄인들 회개도 팍팍시키고, 병도 고치고, 귀신도 쫓아내 교인들이 돈 싸 들고 왔으면 좋겠다.

 그러나 나는 그런 능력이 없었다. 물론 나도 성령의 능력과 은사를 소유했다. 전도하고 사람을 교회로 인도하는 능력, 교인들의 말을 들어주고 위로해 주는 능력, 교인들의 은사를 개발하고 활용하는 능력을 소유했다고 믿는다. 이런 능력도 성령의 능력임에 틀림없다. 그러나 안타깝게도(?) 이런 능력을 제대로 발휘하려면 돈이 들어간다. 그래서 필요한 돈을 벌면서 사역해야 하는 가련한(?) 목사였다.

 개척 교회에 들어가는 엄청난 돈을 어디서 조달한 것인가?

 큰 교회에서 후원을 팍팍 받았으면 좋으련만, 그런 기회는 내게 없었다. 어쩔 수 없이 알바를 해야 했다. 그래서 내가 선택한 것이 대리 운전이었다.

2

돈을 벌기 위해 알바를 하다

낮에 전도하니 밤에 일하는 대리 운전이 제격이었다. 길눈이 어두운 내가 대리 운전을 하기는 쉽지 않았다. 그렇다고 내비게이션으로 운전하면 실력이 없는 대리 기사로 무시 받는다. 어쩔 수 없이 눈대중으로 가다가 욕을 먹은 적이 한두 번이 아니다. 그리고 술꾼을 상대하다 욕을 먹는 것은 기본이고 1년이면 한두 번 맞기도 한다.

처음에는 집사람과 2인 1조로 대리 운전을 했다. 집사람이 승용차로 나를 픽업해 준다. 그러나 밤에 잠을 못 자고 일하는 것이 힘들어 집사람은 중도에 포기하고, 나 혼자 하게 되었다.

집사람은 딸 사업체에서 오전만 일하고 오후에 전도하고 심방 다녔다. 그러나 손님이 많이 줄어들어 걸어 다니면서 뛰어다니면서 대리 운전을 하기가 쉽지 않아 전동 킥보드를 샀다. 한 대당 80만 원짜리다.

그러나 밤에 킥보드를 타다 넘어져 갈비뼈가 2번이나 부러져 무서워서 킥보드를 탈 수 없었다. 그렇다고 전동 킥보드 없이 혼자 대리 운전을 할 수는 없었다. 그래서 결국 대리 운전을 5년 만에 포기하고 말았다. 그렇다고 돈을 안 벌 수는 없었다.

3

알바를 통해 유명한 성가대 지휘자를 만나다

대리 운전을 그만두고 알바를 한 것이 모세탁 공장이다. 목욕탕, 헬스 클럽 등에서 나오는 수건이나 가운을 세탁하는 곳이다. 6개월 정도 오전에만 일하고 100만 원을 받았다.

그런데 목사가 평생 안 하던 일을 하다 보니까 실수가 많이 있었다. 엄청 욕을 먹게 되었다. 일이 서툴러 많은 욕을 먹었지만 다투지 아니하고 내 잘못을 인정하고 끝까지 맡은 일에 충성했다. 나 스스로 기독교인으로서 직원들하고 다투는 것이 기독교인의 도리는 아니라고 생각한 것이다.

그러다가 2020년 2월 코로나 사태가 터지자 직장 문을 닫게 되어 자연스럽게 퇴직하게 되었다. 그 후 1년의 세월이 지났지만, 이상하게(?) 자꾸 세탁 공장 부장님에게 전화해 봐야겠다는 생각이 들었다. 어떤 압박감 같은 것이 있었다. 핸드폰에 저장된 전화 번호가 삭제되었지만, 카톡을 통해 연락해 만날 수 있었다.

만나 대화해 보니 이름만 들어도 알 수 있는 유명한 성가대 지휘자셨다. 깜짝 놀랐다. 그분이 바로 김윤근 안수집사님이시다. 김윤근 집사님도 내가 목사인 줄 모르고 있다가 알고 나서 놀라는 표정이었다.

마침 주원교회에서 성가대 지휘자가 필요했다. 성가대 지휘자 없이 성가대원들이 모여 스스로 주먹구구식으로 성가대를 운영하고 있었다. 많이 기도하면서 성가대 지휘자 모집 광고를 내 보았으나 사례비가 많이 들어 성가대 지휘자를 모시는 것을 포기한 상태였다. 그러던 터에 김윤근 집사님을 만나게 된 것이다. 김윤근 집사님은 성가대 지휘를 하면서 한 가지 원칙을 세워 놓으셨다고 한다.

"사례비를 받지 않는다."

그리고 원래 처음부터 조직이 잘된 성가대를 지휘하시기보다 7-8명 아마추어(?) 성가대를 맡아 프로(?) 성가대를 만드는 은사가 있으시다는 것이다. 이런 점이 주원교회 형편과 딱 맞아 떨어졌다. 그래서 정중히 부탁해 주원교회에서 성가대 지휘를 하시도록 했다. 지금 주원 성가대를 지휘하고 계신다. 그때 알바하면서 내가 직원들과 다투었더라면 김윤근 집사님이 제 청을 들어주시지 않았을 것이다. 기독교인으로서 말씀대로 살려고 노력하니 이런 결과가 나온 것이다.

김윤근 집사님이 오신 후 성가대원도 충원되어 성가대가 장족의 발전을 하고 있다. 주원교회가 또다른 성장의 발판을 마련한 것이다. 이 모든 것이 다 주님의 은혜다. 열심히 전도하니 주님께서 전혀 상상하지 못한 방법으로 일꾼을 보내 주셨다.

4

중국집 배달원이 되다

　세탁 공장 알바를 그만두고 다른 일을 찾아보았다. 전에 목회를 쉴 때 백반 배달을 한 적이 있었다. 직접 백반 배달 가게를 운영하기도 했다. 그래서 그때 경험을 발판 삼아 배달해 보기도 했다. 처음에는 중국집에서 야간 배달을 5시간 했는데, 미숙함 때문에 온갖 욕은 다 먹고 20일 만에 쫓겨났다. 중국집 배달일을 하자면 주소를 가지고 집을 빨리 찾아야 했고, 중국 음식을 랩으로 직접 포장하고, 반찬도 정확하게 세팅해야 했다. 그런데 처음 해보는 일이라 미숙한 것이 많아서 결국은 욕먹고 쫓겨나고 말았다.

　이 세상은 봐주는 것이 없었다. 배우면서 일을 한다는 것은 옛날에나 가능했다. 요즈음은 일을 다 배워서 와야 한다. 인정이 살아 있던 옛날엔 어디서든 배우면서 일할 수 있었는데 세상이 많이 바뀐 것이다. 첫 번째 중국집에서 쫓겨난 뒤 포기하지 않고 다른 중국집에서 야간 배달을 하루에 5시간 했다. 이번에도 길 찾는 것이 미숙하고, 포장 기술이 시원찮아 5일 만에 쫓겨났다.

세 번째 중국집은 하루 만에 쫓겨났다. 안 되겠다 싶어 집에서 포장 연습을 했다. 길 찾는 비결도 스스로 체득하였다. 그리고 나서 일을 했더니 이번에는 통과했다. 이제는 인정받는 배달꾼이 된 것이다.

그즈음 좋은 정보를 제공 받았는데 '일당백' 이라는 배달 앱을 깔고 일을 찾는 것이다. 그러면 자기가 원하는 장소와 시간에 일할 수 있었다. 내가 아는 사람이 전해 준 정보였는데, 이것이 마치 내게는 "복음" 같았다.

이 앱을 통하면 배달뿐만 아니라 홀 서빙, 주방 일도 손쉽게 구할 수 있다. 그래서 주님의 일을 하면서 내가 원하는 시간과 장소에서 일을 할 수 있었다. 수입은 하기 나름인데 일주일에 4일 일하면 200만 원, 2일 일하면 100만 원 정도 벌 수 있는데 필요에 따라 탄력적으로 일했다.

돈이 궁할 때는 4일간 했지만, 그렇지 않을 때는 1-2일만 일하고 주님의 일에 전념을 다했다. 집사람도 오전에 딸 가게에서 알바를 하고, 오후에는 전도하고 심방했다. 이런 식으로 돈 문제를 해결해 나갔다.

그러나 어떤 때는 돈이 모자라, 일수도 쓴 적도 있다. 이때 알아 놓은 사장님과 인연을 맺어 돈이 필요한 사람을 일수 사장님께 소개해 주기도 했다. 그러나 배달을 오토바이로 하기 때문에 위험한 일이다. 2년 남짓 했지만 사고로 죽을 뻔한 적도 있었다. 그래서 누구한테 오토바이 배달을 하라는 말은 안 한다. 너무 위험하기 때문이다.

개척 교회 목사는 성령의 능력도 받아야 하지만 돈의 능력도 받아야 한다.

돈 없으면 개척할 수 없다는 것이 나만의 생각일까?

많은 교역자가 개척하면서 돈 없이 뛰어드는데, 무모한 일이다. 나 같이 능력 없는(?) 사람에게 어디서 재정적 후원을 충분히 받지 못한다면, 스스로 돈 벌 궁리를 해야 한다. 막연히 막노동한다는 생각보다는 기술을 배워 익히는 것이 중요하다.

막노동은 육체적으로 정신적으로 힘들어서 개척하는 데 힘이 든다. 배달은 너무 위험하다. 기술 하나만 갖고 있으면 힘을 덜 들이고, 더 많은 수입을 얻을 수 있다. 타일 기능 같은 고수익 기술을 갖고 있으면 큰 도움이 된다. 이렇게 돈을 벌어야 일부나마 생활비에 쓰고 교회 필요 경비를 충당할 수 있었다. 그래서 개척을 계획하고 계시는 목사님들은 재정 문제를 해결할 기술을 배운 후 개척에 나서시라고 권면하고 싶다.

5

주님께서 돈을 채워 주시다

집사람과 아무리 열심히 돈을 벌어도 관건은 제때에 필요한 돈을 마련하는 것이다. 필요할 때 필요한 돈을 수급하지 않으면 교회 재정상 큰 위기에 봉착할 수 있다.

교회 헌금 갖고만 교회 운영을 하기는 불가능하다. 알바로 번 돈을 다 투입해야 하지만, 그것 가지고도 모자랄 때가 있다. 그러면 교회에서 벌여 놓은 일들이 올 스톱 되는 것이다.

그러나 8년 동안 개척하면서 목돈이 필요할 때마다 주님께서 놀라운 방법으로 제때 돈을 공급해 주셨다. 지인을 통해 큰 돈을 받게 하시거나, 대출을 받아야 할 때 맞춰 꼭 합당한 대출을 받게 하셨다. 교회 문 앞에 던져진 전단지 하나가 교회를 살려 주는 전단지가 되기도 했다.

지금까지 인도해 주신 주님께 감사드린다. 돈 문제도 인간의 힘만으로 되는 것이 아니다. 주님께서 도와주셔야 하는 것이다.

6

교회 건물도 중요하다

또 한 가지 말씀드릴 것은 주원교회가 출석 성도 100명을 달성할 수 있었던 것은 터와 건물을 소유한 교회였다는 것이다. 1996년도 제1차 개척을 할 때 교인은 흩어지고 없었지만 그래도 교회 소유 건물은 마련했다. 이것이 그대로 남아 2013년 제2차 개척하는 데 큰 도움이 되었다.

나는 지금도 개척하시는 목사님들께 가능하면 교회를 사거나 조그맣게라도 지어서 개척하라고 권면해 드린다. 이자는 생각같이 비싸지 않다. 물론 이것이 교회 개척 성공에 절대적 요소는 아니지만, 교회 소유 건물이 중요하다는 것은 이론의 여지가 없다.

그러나 대부분 개척할 때는 임대를 하는데, 임대하더라도 지하실은 하지 않는 것이 좋다. 특히, 코로나 시대를 거치면서 환기가 안 되는 지하실은 교회로서 부적절하다. 1층이나 2층을 얻되, 예배실 이외도 식당, 교육관 등으로 사용할 수 있는 다용도 공간이 필요하다.

개척 교회의 장점이 친교인데, 이 장점을 살릴 수 있는 공간이 없다고 하면 개척 교회는 세워지기 어렵다. 따라서 개척 교회도 평수가 어느 정도 있어야 한다는 것이다. 이 필요를 채우려면 수도권에는 엄청난 임대 비용이 들 것이다. 그러나 대전만 해도 비교적 저렴한 가격으로 임대할 수 있다. 그래서 앞으로 개척하실 분들은 지방에서 개척하는 것도 고려해 볼 필요가 있다고 생각한다.

특히, 개척 교회는 1층이 유리한 점이 많다. 대부분 교회가 계단을 올라가야 한다. 그러나 어르신들 중 계단을 올라가지 못하는 분이 의외로 많아, 1층에 교회를 하면 어르신 전도를 하는데 제격이다. 또 교회가 1층에 있으면 동네 어르신 식사를 대접하기도 좋고, 교회 앞에 파라솔을 펴놓고 전도하기도 좋다. 그래서 가능하면 교회를 임대할 때 1층을 얻으라고 조언한다. 그러면 반드시 좋은 열매가 있을 것이다.

이런 교회를 임대하기 위해선 돈이 필요하다. 좋은 목의 1층을 얻으려면 그만큼 많은 보증금과 월세가 필요하다. 돈은 성령의 능력 다음으로 큰 능력이다. 개척을 할 때는 돈이 필요하다.

제5장

개척 후기

1. 나의 모든 것을 드렸다
2. 자녀들을 희생시키지 마라
3. 하나님께서 우리 수고를 자녀들에게 갚아 주셨다
4. 철두철미한 준비만이 개척 성공의 비결이다
5. 주님이 주원교회를 세워 주셨다
6. 개척 교회 세미나를 시작하다
7. 저의 집사람 이야기
8. 우리 주 예수 그리스도에 대한 이야기

1

나의 모든 것을 드렸다

　나는 개척할 때 모든 재산을 다 드렸다. 내 개인 이름으로 된 집은 고사하고 전세 보증금도 없다. 주님께 다 드렸기 때문이다. 나와 집사람 수중에는 한푼도 없다. 이런 식으로 하니 내 아들딸에게 원망을 많이 한다. 자식들에게 해 준 것이 하나도 없었다. 아들 결혼식 때는 빚 내서 에어컨 하나 사 주었고, 딸 결혼식 때도 에어컨 하나 사 준 것이 전부다.

　나는 지금 개척 교회를 하고 있거나, 앞으로 개척할 목사님들께 나와 같이 하라고 말씀은 못 드리겠다. 자녀들에게 너무 가혹하기 때문이다. 그래서 권하기는 재산이 있으시면 자녀 몫을 떼어 놓고 나머지는 다 주님께 드리라고 권면하고 싶다.

　주 예수 그리스도께서도 말씀하시지 않으셨는가?

> 또 내 이름을 위하여 집이나 형제나 자매나 부모나 자식이나 전토를 버린 자마다 여러 배를 받고 또 영생을 상속하리라 (마 19:29).

2

자녀들을 희생시키지 마라

 지금 제가 제일 후회하고 회개하는 것이 자녀들을 희생시켰다는 것이다. 저와 집사람 사이에 아들(36세), 딸(33세)을 두었다. 그러나 1994년 처음 개척했을 때 당시 큰아들이 10살, 딸이 7살이었다. 큰 교회에서 재정 지원도 없이 장모님 곗돈으로 2층 사무실을 얻어 대전 동구 용전동에서 개척을 시작했다. 당시에는 지금처럼 알바 할 생각도 하지 못했다.

 열심히 주님의 일만 해야 하는 걸로 생각했다. 그러다 보니 자녀들에게 소홀해질 수밖에 없었다. 자녀 학비도 제때 못 주고 교복도 제대로 못 입혀 보내기도 했다. 이 일로 인해 자녀들의 마음 상처가 컸다. 자녀들에게 따뜻한 말 한마디 건네지 못했고, 같이 밥도 제대로 먹지 못했다.

 이외에 이 책에 쓰지 못하는 자녀들의 아픔이 있다. 지금 시간을 되돌릴 수 있다면, 개척하느라 자녀들을 희생시키는 일은 하지 않을 것이다. 주 예수 그리스도께서 "또 내 이름을 위하여 집이나 형제나 자매나 부모나 자식이나 전토를 버린 자마다 여러 배를 받고 또 영생을 상속하리라" (마 19:29) 하신 말씀이 자녀를 버리거나, 희생시키라는 말은 결코 아니시다.

자녀들을 희생시키는 개척은 범죄라고 말씀드리고 싶다. 그런 개척은 하지 마라. 그래서 개척을 하기 전에 재정 지원을 확실히 받거나-이런 경우는 거의 없다-돈 벌 수 있는 기술을 사전에 익혀 돈 벌면서 개척해야 한다. 그래야 교회를 운영하면서도 자녀들을 희생시키지 않을 수 있다.

요즘엔 여 목사님들이 개척을 많이 하시는데 사부(여 목사님 남편)께서 직장생활하는 것도 한 방편일 수 있다.

현재 정부에서 실업자나 자영업자에게 월 50만 원씩 6개월간 취업 준비금을 주며 학원비도 전액 또는 일부를 대 주며 학원 다니는 동안 최대 월 30만 원 정도의 차비도 지급하고 있다. 자세한 것은 지역 고용 노동부로 전화하면 자세히 안내해 줄 것이다.

[사진 5-1] 박선희 사모가 정부 지원으로 미용 기술을 배우는 모습

이런 제도를 활용하여 타일 기술 등을 부부가 배워 익히면 1주일 2일만 일해도 2인 기준 100만 원은 벌 수 있다. 한 달이면 얼마인가?

　이 정도면 자녀 양육을 하면서도 교회 운영을 할 수 있다. 다시 한번 부탁드린다. 주님의 일을 한다고 자녀를 희생시키지 마라.

3

하나님께서 우리 수고를 자녀들에게 갚아 주셨다

　다행히도, 하나님 은혜로 아들딸들이 어려운 환경이지만 잘들 커 주었다. 전적으로 하나님 은혜다. 큰아들은 미국계 유명 회사 과장으로, 딸은 한국에서 제일가는 고양이 전문 숍을 운영하고 있다. 하나님께서 소자를 불쌍히 여기셔서 우리가 수고한 헌신을 자녀들에게 갚아 주신 것으로 믿는다.
　이런 일이 있었다. 내가 개척을 시작한 2013년에 아들이 항공대학 전기과를 졸업하고 미국의 50대 기업에 들어가는 모 미국계 회사에 시험을 치고 들어갔다. 제1차 서류 심사를 끝내고 면접을 보는데 아들이 면접관에게 면접 볼 때 아버지가 개척 교회 목사며, 어려운 사람을 많이 도와 주셨다고 얘기했다고 한다. 사실 면접 보는데 아버지 이야기할 필요는 없을 것이다.
　특히, 아버지가 개척 교회 목사라는 사실을 굳이 할 필요가 있을까?
　그런데 그런 이야기를 했다고 해서 사실 걱정했다.
　"쓸데없는 얘기를 했다."

사실 교인을 그냥 싫어하고, 목사 아들이면 꽉 막힌 사람이라고 생각해 부담 갖는 사람도 있다.

그런데 합격했다. 합격한 후 면접관이었던 부장님께서 아들에게 후에 이런 이야기를 했다고 한다.

"왜 내가 너를 뽑아 준 줄 아느냐, 네 아버지 때문이다. 아버지가 어려운 사람을 위해 고생했으니 너는 고생하지 말아야 한다는 생각에 너를 뽑아 준 거다."

못난(?) 아버지를 만나 고생했지만, 하나님께서 백 배나 자식들에게 갚아 주셨다.

딸은 아들보다 말 못 할 사정이 더 많다. 더 불쌍하게 컸다. 다행히 하나님 은혜로 대덕대학을 졸업한 후 별 직업 없이 살다가, 우연히 고양이 한 마리를 사서 집에서 키우게 되었다. 그 고양이는 소위 말하는 명품 고양이였다.

그것이 기회가 되어 오늘날 한국에서 제일 큰 고양이 전문 숍 라온캣을 운영하게 되었고, 2021년 11월에 한국소비자협의회가 수상하는 소비자 브랜드 대상을 수상하게 되었다. 다 하나님 은혜다.

그러나 다시 한번 말씀드린다. 개척하면서 목사 부부는 희생할 수 있지만, 자녀가 있다면 자녀를 희생시켜서는 안 된다.

4

철두철미한 준비만이 개척 성공의 비결이다

어느 목사나 개척한다면 꿈에 부푼다. 자기 교회를 갖고, 마음껏 목회 역량을 펼쳐 보일 기회를 갖게 되고, 중대형 교회로 성장시킬 장밋빛 환상에 젖게 된다. 그래서 철저히 준비하고 개척하라고 권면하면 거의 한 귀로 듣고 흘려보낸다. 그러나 개척하고 1-2년만 되면 냉혹한 현실을 깨닫게 되고 좌절하게 된다. 그렇기 때문에 개척하기 전에 철저히 준비하고 개척해야 성공할 확률이 높아진다.

무엇을 준비해야 하는가?

10가지를 뽑아 보았다.

(1) 과연 나는 목사나 복음 전도자로 부름을 받았는가?
(2) 과연 나는 목회자로서 자질을 갖추었는가?

목사는 아무나 하는 것이 아니다. 남을 이해해 주고, 포용해 주는 한편 리더쉽이 있어야 한다. 교회에는 별별 사람이 다 있다. 이분들을 이끌고 가기 위해서는 포용력과 아울

러 단호함이 있어야 한다. 이런 자질이 갖추어지지 않았으면 다른 길을 모색할 필요가 있다.

(3) 과연 나는 말씀과 같이 주님을 따르기로 결심했는가?

> 또 무리에게 이르시되 아무든지 나를 따라오려거든 자기를 부인하고 날마다 제 십자가를 지고 나를 따를 것이니라(눅 9:23).

(4) 이 세상 모든 유혹과 싸울 준비가 되었는가?
(5) 설교할 준비가 되었는가?

개척 교회는 교인이 적기 때문에 설교에 비중을 두지 않을 수 있는데, 이런 생각은 실패의 지름길이다. 제대로 된 설교를 하지 않으면 교회는 결코 세워지지 않는다. 개척 교회일수록 설교가 은혜스러워야 한다. 많은 사람이 개척 교회에 오는 가장 큰 이유는 설교가 좋기 때문이다. 개척 교회는 더욱 설교가 생명이다.

(6) 재정 문제 해결책을 마련했는가?
　　돈을 마련할 궁리가 되었는가?
(7) 배우자가 전적으로 도와줄 수 있는가?
　　배우자의 도움 없이는 개척 교회가 세워질 수 없다.

(8) 성경에 따른 교회 비전을 제시할 수 있는가?

사람들이 굳이 개척 교회를 찾는 이유는 기존 교회에 실망했기 때문이다.

그런데 개척 교회가 기존 교회와 다름이 없다면 누가 개척 교회에 오겠는가?

주원교회는 개척 처음부터 성경에 따른 비전을 제시했고, 이 비전을 실현하기 위해 노력하였고, 전도지와 주원교회 정관에 이 비전을 반영했다.

(9) 화요일-금요일, 하루 5시간 전도할 수 있는가?
(10) 하루에 최소한 2시간 기도할 수 있는가?

물론 처음부터 이 열까지 조건을 다 충족할 수는 없다. 그러면 어느 누구도 개척할 수 없을 것이다. 그러나 전반적으로 이 10가지 조건을 충족하지 못한다면 섣불리 개척에 나서지 않기를 바란다. 이 중에서 가장 중요한 것은 소명과 교회 개척의 부르심이 분명하냐는 것이다. 이 점이 분명하지 않다면 개척하지 말라고 권면하고 싶다.

5

주님이 주원교회를 세워 주셨다

나는 여태껏 여러 가지 전도 방법에 관해 기술했다. 많은 목사님은 이렇게 생각할 것이다.

"좋은 방법이다. 나도 이렇게 하면 개척에 성공할 수 있겠네 …."

그러나 사실 교회 성장의 원동력은 방법만이 전부가 아니다. 하나님의 역사하심이 있어야 한다. 하나님 은혜로 되는 것이다.

> 그런즉 아볼로는 무엇이며 바울은 무엇이냐 그들은 주께서 각각 주신 대로 너희로 하여금 믿게 한 사역자들이니라 나는 심었고 아볼로는 물을 주었으되 오직 하나님께서 자라나게 하셨나니 그런즉 심는 이나 물 주는 이는 아무 것도 아니로되 오직 자라게 하시는 이는 하나님뿐이니라(고전 3:5-7).

인간의 힘으로 초면의 사람을 주원교회에 잡아맬 수 있는가? 이 교회에서 헌신 봉사, 충성하라고 할 수 있는가?

교회가 한두 개인가?
또 경쟁력 있는 교회가 한두 개인가?

도저히 내 힘으로는 주원교회 오신 분 중에서 한 사람도 제대로 주원교회에 묶어 둘 수 없었다. 하나님께서 저들을 이 교회에 불러 주시고 묶어 주신 것이다. 한 사람이 교회에 나오고 예수님을 믿고 한 교회에 충성하는 일꾼이 되는 것은 기적이다. 하나님만 하실 수 있는 일이다.

물론 인간의 수고도 중요하다. 그러나 하나님께서 인간의 수고를 헛되게 하지 않고 열매 맺게 하시지 않으시면 아무 소용이 없다. 그렇기 때문에 개척 교회 목사는 하나님 앞에 진실하게 살아야 한다. 진실함이 없이 노력만 한다고 되지 않는다. 방법으로만 되지 않는다. 하나님 앞에 진실한 삶이 전제되어야 한다.

주원교회를 개척하기 전 내가 12년 동안 개척하면서 실패를 맛보았다. 실패한 원인은 노력 부족이 아니다. 하나님 앞에 바로 서지 못했기 때문이다. 2013년 다시 개척하면서 나는 하나님 앞에 바로 살 것이라고 수도 없이 다짐하고, 기도할 때마다 하나님 말씀대로 믿음대로 살게 해 달라고 기도했다. 믿음대로 살 수 있는 능력을 달라고 기도했다.

사실 왜 교인들이 주원교회에 오겠는가?

목사를 보고 온다. 목사가 진실하지 않으면 오지 않는다. 교인들은 안다. 목사가 진실한지 …, 아니면 위선적인지 …. 오랜 교직 경험을 가지신 김승일 목사님께서 저의 순수성 때문에 주원교회에 오신다는 말씀을 들을 때마다 더욱 주님 앞에 교인 앞에 진실하게 살겠다고 다짐해 본다.

방법도 중요하다. 노력도 중요하다. 그보다 중요한 것은 하나님 앞에 진실하게 살려고 노력하는 것이다. 그럴 때 하나님께서 우리 노력을 헛되지 않게 하신다. 주원교회의 성장 원인은 제가 하나님 앞에 바로 살려고 몸부림치면서 할 수 있는 방법을 다 동원하면서 노력한 것이라고 할 수 있다.

많은 분이 개척 교회는 안 된다, 불가능하다, 개척의 때는 지나갔다고 한다. 이런 얘기를 하기 전 하나님 앞에 진실하게 살려고 노력하고 할 수 있는 방법은 다 동원해 교회를 세우기 위해 노력해야 한다. 그리고 나서 이런 얘기를 해야 한다.

그리고 지금도 개척 교회는 필요하다. 개척 교회는 사회밑바닥 인생을 훑는 '저인망' 어선과 같다. 기존 교회에서 적응하기 어렵거나 적응할 수 없는 사람을 수용하기 위해 개척 교회는 영원히 필요하다. 또한, 주님께서 원하는 교회를 만들기 위해서도 필요하다. 기존 교회 플랫폼(platform)을 혁신할 수 없을 때 새로운 교회 시작은 언제 어디서나 필요하다.

6

개척 교회 세미나를 시작하다

2018년 10월에 처음으로 개척 교회 세미나를 시작했다. 노회 목사님들 중 개척하거나 개척하고 계신 목사님을 상대로 개척 세미나를 열었다. 그러다가 코로나가 터지는 바람에 중단되어 아쉬움이 컸다. 2022년부터 다시 시작할 예정이다.

매월 첫 주 지난 목요일에 시작한다(연락처: 010-7742-4663).

도착 및 접수	오전 8:30- 9:00
예배 및 소개	오전 9:00-10:00
개척 전에 준비할 일 등	오전 10:00-12:30
점심	오후 12:30- 1:30
파라솔 전도 현장 실습	오후 1:30- 2:30
특수 전도의 이론과 실제 (I)	오후 2:30-4: 30 ※ 중간에 휴식 10분
특수 전도의 이론과 실제 (II)	오후 4:30-6:00
저녁 식사	오후 6:00-7:00
상담	오후 7:00- 상담은 사전에 예약한 분만 가능합니다.

[표 5-1] 개척 교회 세미나 일정표

7

저의 집사람 이야기

개척 일기를 쓰면서 집사람 박선희 사모를 이야기하지 않을 수 없다.

사실 개척 일기는 집사람의 일기라고 해도 과언이 아니다.

오늘의 저와 주원교회가 있게 된 것은 집사람의 역할이 70퍼센트가 넘었다면 과언일까?

개척 교회에 사모의 역할은 절대적이다. 사모가 어떻게 하느냐에 따라서 개척 교회의 성패는 결정된다고 해도 과언은 아니다. 집사람 자랑하면 팔불출이라고 하지만, 오늘 어쩔 수 없이 팔불출이 되어야 할 것 같다.

집사람은 첫 번째 개척이 실패한 후 다시는 개척 교회 같은 것은 안하리라 다짐한 것 같았다. 내가 다시 개척을 하자고 하니 집사람이 다시는 '앵벌이' 노릇은 안 하겠다고 펄쩍 뛰었다.

그러나 기도하면서 설득하다 하나님 은혜로 다시 도와주기로 했다. 일단 집사람이 개척에 동참하기로 하니 적극적으로 협조해 주었다. 파라솔 전도할 때 빠짐없이 나와 함께 길거리로 나섰다. 밤에는 나와 함께 대리 운전하며 돈을 벌어들였다.

낮과 밤이 없이 나와 손발을 맞추어 헌신, 봉사하고 충성했다. 이렇게 사모가 협조해 주지 않으면 개척 교회는 되기 어렵다.

집사람은 나에게 적극 협력했다. 내가 하자고 하면 "안 한다", "못해", "당신이나 해" 이렇게 말해 본 적이 없었다. "어디 돈 좀 빌려와" 하면 어떻게 해서든지 돈을 구해 왔다. 이것이 집사람 장점이 될 수 있지만 어떨 때는 약점으로 작용했다. 내가 하자고 하면 다 따라 하니 어떨 때는 안 좋은 일이 생기기도 했다. 일단 내가 하자고 하면 "생각 좀 해 보자"라고 하고 삼고초려할 때도 있어야 하는데, 이런 경우가 생략되어 때때로 바람직하지 않은 일이 발생하기도 했다.

손주를 돌보아 주고, 딸 가게에서 알바하고 받는 돈은 본인이 한 푼도 쓰지 않고 다 내 계좌로 송금하였다. 한번은 집사람이 계단을 오르다 넘어져서 허리 골절상을 입었다. 안타까운 일이었다. 다행히 전도 목적으로 보험을 들어 놓은 것이 있어서 치료도 받고 보상도 적지 않게 받았다.

집사람은 본인을 위해 옷 하나 안 사고 보상금 전액을 나에게 주었다. 집사람은 옷을 사 입은 적도 거의 없고, 내가 집사람 옷을 사준 기억도 없다. 집사람은 돈이 생기면 내 구두나 신발 정도 사고 모두 나에게 주었다.

집사람과 나는 서울 구로구 개봉동에 있는 개봉장로교회에서 청년부 회원으로 만났다. 집사람이 나를 먼저 좋아했다. 결혼한다고 하니, 집사람 친척들이 다 반대했다. 나 같은 사람 만나면 고생한다는 것이다. 다만 장모님은 반대하지 않았다. 그분들의 예언대로(?) 집사람은 나 같은 사람 만나서 평생 고생하였다.

언젠가 한번 '박선희 인생'이란 제목으로 글을 쓰고 싶다. 집사람이 제일 기뻐할 때는 내가 주님께 쓰임받을 때일 것이다.

언제 주님께서 나 같은 자를 사용하실까?

빨리 쓰임받아 집사람을 정말 행복하게 해 주고 싶다.

8

우리 주 예수 그리스도에 대한 이야기

집사람에 대한 얘기를 했고, 이제는 내 주 예수 그리스도에 대한 이야기를 하려고 한다.

예수 그리스도는 나 같은 죄인을 위하여 죽으셨다. 이것은 결코 상투적인 표현은 아니다. 사실이다. 그리고 예수 그리스도는 자격 없는-전혀 과장되지 않은 표현이다-나 같은 사람에게 복음 전도자의 직분을 주셨다.

내가 주님 일하는데 자격 없는 사람이라는 것은 다음 사실에서 분명히 드러난다. 장로회신학대학교 학부 4년, 신학대학원 2년 동안 어느 교회도 나를 교육전도사로 쓰지 않았다. 자격이 되지 않았기 때문이다.

그러나 오직 한 분이 나를 사용하셨다. 주 예수 그리스도시다. 사실 이것은 부끄러운 내 과거지만 주님이 누구신가를 알려 드리기 위해 드러내는 것이다. 이런 사람에게 우리 주 예수 그리스도는 복음 전도자의 귀한 직분을 맡겼지만 제대로 감당하지 못했다. 마지막 소원은 주님의 사명을 목숨 다해 감당하는 것이다. 그래도 주님 은혜의 억만분의 일도 갚지 못할 것이다.

  12년간 개척했다가 실패한 것은 다 내 탓이지만, 주님은 버리지 않으시고, 교회를 떠나려는 나를 잡고 또다시 개척의 문을 두드리게 하셨다. 그리고 오늘에 이르게 하셨다.

  오늘 주원교회가 출석 성도 100명이 되게 하신 것도 전적으로 주 예수 그리스도의 은혜시다.

  모든 영광을 주 예수 그리스도께 드린다.

교회개척학

민장배 지음 | 신국판 | 232면

 이 책은 한마디로 교회 개척의 A to Z라고 할 수 있다. 많은 사람이 이제 개척 시대는 끝났다고 주장하고, 교회는 점점 재생산의 원리를 잊어버리고 있으며, 신학교마저 교회개척학 수강생이 매년 급감한다. 이런 현실을 안타까워한 저자가 20여 년간 개척 목회 현장에서 얻은 경험과 통찰 그리고 실천신학 교수로서 집대성한 교회 개척에 관한 이론과 실제 사례를 이 한 권의 책에 소중하게 담았다. 이 책은 예비 목회자들뿐만 아니라 교회를 개척하고 어려운 문제에 직면한 목회자들에게 용기와 실제적인 도움을 주는 가이드가 될 것이다.